Qingtao Zhang

Einbildungskraft und Zeit

Qingtao Zhang studierte Physik und Philosophie an der Universität Lanzhou und an der Tongji Universität in Shanghai. Danach folgte eine Promotion an der Universität Heidelberg mit einer Arbeit über Kants Erkenntnistheorie. Derzeit lehrt er an der Sichuan University in China.

Qingtao Zhang

Einbildungskraft und Zeit

Versuch über die Erkenntnistheorie Kants

Königshausen & Neumann

Gefördert durch den
National Social Science Fund of China
No. 22CZX055.

Bibliografische Information der Deutschen Nationalbibliothek

Die Deutsche Nationalbibliothek verzeichnet diese Publikation in der Deutschen Nationalbibliografie; detaillierte bibliografische Daten sind im Internet über http://dnb.d-nb.de abrufbar.

D 16

Gedruckt auf säurefreiem, alterungsbeständigem Papier
Umschlag: skh-softics / coverart
Umschlagabbildung: Satoriartworkco: Immanuel Kant monument;
85482187 © adobestock.com

Printed in Germany

ISBN 978-3-8260-7838-5
eISBN 978-3-8260-8405-8

www.koenigshausen-neumann.de
www.ebook.de
www.buchhandel.de
www.buchkatalog.de

Inhaltsverzeichnis

Vorwort

Das vorliegende Buch ist eine Überarbeitung meiner Dissertation, die im Sommersemester 2021 von der Philosophischen Fakultät der Ruprecht-Karls-Universität Heidelberg angenommen wurde. Ihr originaler Titel lautet: „Kants Begriff der Einbildungskraft und das Zeitbewusstsein in der Erkenntnistheorie".

Vor allen anderen habe ich meinen Doktorvater, Herrn Prof. Dr. Anton F. Koch, zu danken. Sein Verständnis der Selbstaffektion des Subjekts, das er mir in einem Kolloquium erklärte, motivierte den ersten Entwurf dieser Studie. Ich danke Ihn auch für die regelmäßigen Diskussionen, sowie für die langfristige freundliche Hilfe, die er mir während meiner ganzen Zeit in Heidelberg angeboten hat. Herrn Professor Dr. Peter McLaughlin danke ich herzlich für seine Betreuung und seinen Gutachten. Beiden Betreuern möchte ich meinen tiefsten und aufrichtigen Dank äußern.

Ebenfalls danke Ich den Kolleginnen und Kollegen aus China und Europa, die ich bei universitären Seminaren (besonders beim Kolloquium Prof. Kochs) und beim Lesekreis über Kant kenngelernt. Mit drei davon, die ebenfalls an der Uni Heidelberg promoviert wurden, habe ich mehrmals diskutiert und vielfältige Anregungen bekommt: Dr. Yibin Liang hat mir die allgemeine Forschungsmethode zu Kant dargestellt. Die Diskussionen mit Dr. Yuwei Xie haben mir Anregungen über Kants Verständnis der reinen Zeit gegeben. Die Diskussionen mit Dr. Longfang Li schließlich hat die Widersprüche naiver Konzeptionen des Augenblicks verdeutlicht.

Herr Reinald G. Schrecker und Dr. Max von Sponeck verdienen meinen Dank für die sorgfältige sprachliche Korrektur. Für das in mich gesetzte Vertrauen und die jahrelange großzügige finanzielle Unterstützung bin ich der China Scholarships Council dankbar.

Diese Arbeit ist meinen Eltern gewidmet, die meine Studien in Deutschland immer mit Liebe und Geduld ermutigt haben.

Qingtao Zhang, Chengdu, China, 2024

Einleitung

In der Erkenntnistheorie bzw. in der transzendentalen Analytik stößt man immer wieder auf die Einbildungskraft (EBK), deren Attribute „empirisch“, „rein“ oder „transzendental“ sind. Daraus ergeben sich weitere Varianten von Bestimmungen zur Einbildungskraft: die empirische Einbildungskraft, die reine Einbildungskraft oder die transzendentale Einbildungskraft. Unter dem Begriff der Einbildungskraft wird öfter die Fähigkeit zur Rekombination unserer Eindrücke oder unserer Erinnerungen, nämlich die empirische „Reproduktion“, verstanden. Aber ohne eine klare Regel oder einen deutlich definierten Begriff der Einbildungskraft zu haben, wird sie eine beliebige psychologische Assoziation, die im Gemüt verborgen und uns unbekannt bliebe. Diese empirische Einbildungskraft beruht notwendig auf einer transzendentalen Einbildungskraft, deren verborgene *Definition* a priori in der vorliegenden Abhandlung gesucht wird.

Der Streit über die Notwendigkeit der Einbildungskraft in der Erkenntnistheorie Kants ist heftig. Es wird gesagt, die Einbildungskraft – so Peter Strawson – sei unklar dargestellt und daher für die Erkenntnistheorie unnötig. Im Gegensatz dazu plädiert Heidegger für die Unentbehrlichkeit der Einbildungskraft, um seine Zeitfrage zu stellen. Diese Auseinandersetzung hat Matthias Wunsch in seiner Dissertation schon ausführlich analysiert.[1] Der Streit entspringt meiner Ansicht nach aus Kants sehr unklaren und unsystematischen Beschreibungen der Einbildungskraft, die für ihn auf der einen Seite eine „unentbehrliche“ Funktion des Subjekts, auf der anderen Seite aber „verborgen“ und „blind“ ist. Die grundlegende bekannte Bestimmung der Einbildungskraft ist die „Synthesis überhaupt“, wobei Kant schreibt:

> „Die Synthesis überhaupt ist, wie wir künftig sehen werden, die bloße Wirkung der Einbildungskraft, einer *blinden, obgleich unentbehrlichen* Funktion der Seele [einer *„Funktion des Verstandes“* KH], ohne die wir

1 M. Wunsch 2007, S. 18–83.

überall keine Erkenntnis haben würden…“ (B103/A78, meine Hervorhebung)

Im Schematismus wird die Einbildungskraft mit einer „verborgenen Kunst“ charakterisiert: „Dieser Schematismus unseres Verstandes [die produktive Einbildungskraft] … ist eine verborgene Kunst in der Tiefen der menschlichen Seele, deren wahre Handgriffe wir der Natur schwerlich jemals abraten, und sie unverdeckt vor Augen legen werden.“ (B 180/ A 141)

Zu der Frage versuche ich, eine neue klare grundlegende *Definition* des Begriffs der Einbildungskraft herauszufinden, um die Notwendigkeit der Einbildungskraft innerhalb der Erkenntnistheorie zu begründen.

Die Einbildungskraft vermittelt zwischen dem Verstand und der Sinnlichkeit. Sie ist eine regelhafte Rekombination bzw. eine Synthesis des sinnlichen Mannigfaltigen nach der Apperzeption, nämlich die bekannte „Synthesis überhaupt“ (B 103). Der Eröffnungssatz bildet die grundlegende Bestimmung der Einbildungskraft.

Die Einbildungskraft bzw. die Synthesis überhaupt wurde von Yibin Liangs Dissertation (im Jahr 2017) sowohl nach der Gliederung der Synthesis-Lehre als auch nach den Attributen (empirisch/rein, reproduktiv/produktiv, figürlich/intellektuell) ausführlich analysiert.[2] Auf Grund dessen versuche ich, einen einheitlichen Begriff der Einbildungskraft, der ihre verschiedenen Funktionen in sich vereinigt, zu ergründen. In der vorliegenden Abhandlung möchte ich vor allem einen Beitrag zu einem klaren systematischen Verständnis des *Begriffes der Einbildungskraft* innerhalb der Erkenntnistheorie Kants leisten. Alle wichtigen Aussagen über den Begriff der Einbildungskraft in der KrV werden sorgfältig und strukturiert analysiert, wobei auch die relevanten Passagen aus den anderen Schriften einbezogen werden.

Meine Argumentationen stützt sich hauptsächlich auf die Passagen aus den beiden Auflagen der *Kritik der reinen Vernunft* (1781 und 1787), aus den *Prolegomena* (1783) sowie aus der *Anthropologie aus pragmatischer Hinsicht* (1798). Die *Nachträge zur Kritik der reinen Vernunft* (in AA: 23, der handschriftlicher Nachlass) enthalten seine Zusammenfassung der produktiven Einbildungskraft; deswegen spielt sie auch eine unentbehrliche Rolle. Viele exegetische Unklarheiten und Schwierigkeiten bezüglich des Begriffs der Einbildungskraft und der relevanten Zeitfragen, z.B. zur

---

2 Liang 2017, S. 219–230.

Linien-Analogie der Zeit und zum Augenblick, können bei derartiger systematischer Rekonstruktion erhellt werden. Auf Grund der gesamten Betrachtung der relevanten Textpassagen argumentiere ich für die Hypothese, dass der Begriff der Einbildungskraft eine logische Vergleichshandlung ist, die unsere Vorstellungen in der Zeit unterscheiden und rekombinieren und schließlich in einem Bewusstsein bringen kann. Diese Vergleichshandlung gliedert sich in eine Differenzierung (Analyse) und eine Rekombination (Synthesis) unserer Vorstellungen.

Heidegger hat die Einbildungskraft näher als ein „Vergleichungsvermögen überhaupt"[3] interpretiert, um seine Konklusion, dass die Einbildungskraft die „gemeinsame Wurzel" der beiden Erkenntnisquellen, der Sinnlichkeit und des Verstandes, sei, zu unterstützen.[4] Das „Vergleichungsvermögen überhaupt" lässt sich als eine *Vergleichshandlung überhaupt* unserer Vorstellungen umschreiben, womit ich die problematische Voraussetzung Heideggers, nämlich, die Einbildungskraft sei das dritte Vermögen aus der A-Deduktion, vermeiden oder aufheben kann. Hier folge ich direkt der bekannten Schlussfolgerung von Dieter Henrich, dass die transzendentale Deduktion der Kategorien in der B-Auflage logisch besser strukturiert sei als die Deduktion in der A-Auflage.[5] (Das Vergleichsvermögen setzt voraus, dass die Einbildungskraft das dritte Vermögen der Erkenntnisse sein müsse, während die Vergleichshandlung ledig impliziert, dass die Einbildungskraft eine „*Wirkung des Verstandes* auf die Sinnlichkeit" ist (B 154). Kants Behandlung der drei Vermögen (Sinnlichkeit, Einbildungskraft, Verstand) findet man in der A-Deduktion, während die zwei Vermögen (Sinnlichkeit, Verstand) und ihre Wirkung bzw. die Einbildungskraft zwischen den beiden liegt, eindeutig in der B-Deduktion erörtert werden.[6]Die Vergleichshandlung ist das Vergleichen und Unterscheiden sinnlicher Vorstellungen, damit wir die gegebenen Vorstellungen analysieren, gestalten, und schließlich in eine Vorstellung rekombinieren können. Diese Vergleichshandlung der Einbildungskraft

3 Heidegger 1951, S. 129.

4 Aus dem Vergleichsvermögen (der EBK) hat Heidegger sowohl die passive Rezeptivität (die Sinnlichkeit) und die aktive Spontaneität (den Verstand) abgeleitet, daher sei die EBK die „gemeinsame Wurzel" der beiden Erkenntnisquellen bzw. der Sinnlichkeit und des Verstands. Heidegger 1951, S. 127–134.

5 Dieter Henrich 1969, P.641.

6 Diese synthetische Handlung stimmt besser mit der EBK in der B-Deduktion überein, wobei die EBK als eine „Wirkung des Verstandes auf der Sinnlichkeit" gilt (B 154), während die EBK, die als das dritte Vermögen gilt, in der A-Deduktion thematisiert wird. Vgl. Düsing 1995, S. 61–69.

hat Mohr bereits mit der A-Deduktion teilweise implizit rekonstruiert. Sie soll hier explizit dargestellt und ergänzt werden, damit die Einbildungskraft bzw. die Synthesis überhaupt mit der Vergleichshandlung überhaupt deutlich definiert werden kann. Diese neue Definition der Einbildungskraft als einer Vergleichshandlung versuche ich aus meiner spezifischen Interpretation der transzendentalen Deduktion aus den beiden Auflagen herauszuarbeiten (Kapitel 1). Diese hypothetische neue Definition der Einbildungskraft lässt sich weiter mithilfe der Grundsätze des Verstandes erklären und begründen (Kapitel 2. 3). Die verborgene Funktion und Regel der Einbildungskraft lässt sich mithilfe meiner Interpretation der klaren Grundsätze des Verstandes ins Licht bringen, weil die Einbildungskraft eine „*Wirkung des Verstandes* " (B 154) oder eine „*Funktion des Verstandes*" ist (B 103/ A 78, KH).

Die Synthesis der Einbildungskraft dient zur Bildung eines Urteils, das als Element der menschlichen Erkenntnis gilt. Ein logisches Urteil behauptet entweder eine Identität oder eine Unterscheidung zwischen dem Subjekt und dem Prädikat : Ein bejahender Satz, S ist P, besagt eine vergleichende Identität des Subjektes mit dem Prädikat, während ein verneinender Satz, S ist nicht Q, einen Unterschied zwischen den beiden (bzw. S und Q) darstellt. Wenn ein logisches Urteil in dem Fall notwendig die Identität und die Differenz zeigt, muss die Einbildungskraft in der (sogenannten transzendentalen) Logik dementsprechend eine Differenzierung und eine Rekombination/Vereinigung darstellen, die zusammen die Vergleichshandlung der Einbildungskraft ausmachen. Diese ***These*** der Einbildungskraft als einer Vergleichshandlung (Kapitel 1) stützt sich auf zwei Säulen: Diese Differenzierung der Einbildungskraft versuche ich mit den mathematischen Grundsätzen ausführlich dazustellen (Kapitel 2), während die Vereinigung oder die Rekombination der Einbildungskraft sich mithilfe des Grundsatzes der Substanz (der ersten Analogie der Erfahrung) beweisen lässt (Kapitel 3).

In der vorliegenden Abhandlung möchte ich nicht nur einen Beitrag zum eindeutigen Verständnis des Begriffes der Einbildungskraft innerhalb der Synthesis-Lehre leisten, sondern auch einen zur Bewusstseinstheorie, um die Lücke bezüglich des *Zeitbewusstseins,* das mit der Einbildungskraft eng zusammenhängt, in der Kant-Forschung zu schließen. Mohrs Dissertation hat die Funktionen und die Struktur des inneren Sinns bzw. des empirischen Bewusstseins ausführlich erklärt und begründet, wobei die Einbildungskraft lediglich ein dienendes oder nebensächliches Moment bildet.[7] Die Einbildungskraft gilt bei seiner Rekonstruktion als ein Begriff auf der zweiten Stufe, der ergänzt werden sollte. In seiner Schlussfolgerung hat er die drei wesentlichen Momente der Bewusstseinstheorie Kants kraft der drei Erkenntnisvermögen (Sinnlichkeit, Einbildungskraft, Verstand) dargestellt: das empirische Bewusstsein, das Zeitbewusstsein (die Einbildungskraft), das reine Selbstbewusstsein.[8] Das empirische Bewusstsein beschreibt das sinnliche Mannigfaltige bzw. die sukzessiven Vorstellungen im Gemüt, die eine notwendige materiale Bedingung der reinen Apperzeption (des Selbstbewusstseins) bilden; denn ohne das Mannigfaltige zu haben, hätte die Apperzeption nichts zu synthetisieren. Das Zeitbewusstsein, das mit der Einbildungskraft eng zusammenhängt, stellt in dem Fall das synthetische Verfahren dar, wie das Mannigfaltige in einen Gegenstand rekombiniert wird, oder wie das Mannigfaltige unter einen Begriff gebracht wird. Obwohl der sukzessive Charakter der Apprehension von ihm zurecht ausführlich dargestellt wird, werden die umfangreichen Strukturen der Zeit und der Einheit der Zeitstadien nicht hinreichend klar analysiert. Kants Zeitfragen, z.B. zur Linie-Analogie der Zeit, zum Augenblick, werden ebenfalls mithilfe der Einbildungskraft erklärt.

7 G. Mohr, *Das sinnliche Ich*, 1991, S. 161–171.
8 Mohr 1991, S. 195–198.

1. Die reine Einbildungskraft als die Vergleichshandlung überhaupt

Die Einbildungskraft ist eine Vermittlung zwischen dem Verstand und der Sinnlichkeit. Sie ist eine regelhafte Synthesis des sinnlichen Mannigfaltigen nach der Apperzeption, nämlich die bekannte „Synthesis überhaupt" (B 103). Kant hat sie in einigen Reflexionen weiter als „das Vermögen zu *vergleichen*" interpretiert[9]. Diese Vergleichshandlung der Einbildungskraft ist das Vergleichen und Unterscheiden sinnlicher Vorstellungen, damit wir die gegebenen Vorstellungen gestalten, kombinieren und schließlich in ein Bewusstsein denken können. Die Vergleichshandlung der Einbildungskraft hat Heidegger in seinem Kantbuch zitiert aber nicht begründet, hingegen hat Mohr sie bereits mit der A-Deduktion teilweise implizit rekonstruiert.[10] Diese Vergleichshandlung der Einbildungskraft soll weiter explizit dargestellt und ergänzt werden, damit die Synthesis überhaupt der Einbildungskraft mit der Vergleichshandlung deutlich definiert werden kann.

1.1 Die reine Einbildungskraft in der A-Deduktion

Hinsichtlich der Untersuchung Mohrs[11] rekonstruiere ich vor allem die reproduktive Einbildungskraft in der A-Deduktion (von A 99 bis A 102) kurz und bündig, um ihre synthetische Handlung des Näheren

9 Die Reflexionen zur Anthropologie stammen aus Kants Handexemplar von A. Gr. Baumgartens *Metaphysica* (editio IIII., Halae 1757) von 1758 bis 1796. vgl. S. 4. Über die EBK schreibt Kant: „Die Sinne geben die Materie zu allen unseren Vorstellungen. Daraus macht erstlich das Vermögen zu bilden, unabhängig von der Gegenwart der Gegenstände. Vorstellungen: Bildungskraft, imaginatio: zweitens das Vermögen zu *vergleichen*: Witz und Unterscheidungskraft, iudicium discretum; drittens das Vermögen, Vorstellungen nicht mit ihrem Gegenstande unmittelbar, sondern mittelst einer stellvertretenden zu verknüpfen, d.i. zu bezeichnen". *Reflektionenen I*, 118. *Kants handschriftlicher Nachlaß.* a.a.O. Bd.II 1, Nr 339.

10 Heidegger, *Kantsbuch* GA 3. S. 129–130; Mohr, das sinnliche Ich, S. 175–185.

11 Mohr, *Das sinnliche Ich*, S. 175–185.

als eine *Vergleichshandlung* auszulegen. Die Apprehension gilt als eine konkrete Handlung der reproduktiven Einbildungskraft in einer Anschauung, und von daher wird sie auch diskutiert. Der Abschnitt hat zum Ziel, die vier zusammenhängenden *Thesen* zu begründen und ein relevantes Problem über die reine Zeit vorzustellen.

a) Die Apprehension gilt als eine empirische Vergleichshandlung, nämlich als eine differenzierende Vereinheitlichung vieler sinnlicher Eindrücke (Mohr), die eine Aufeinanderfolge der Zeit voraussetzt.

b) Die Reproduktion bildet die empirische Vergleichshandlung, nämlich eine einigende Differenzierung der Anschauungen, auf Grund deren eine modale Zeit möglich ist.

c) Die Apprehension gilt als eine konkrete Handlung der reproduktiven Einbildungskraft. Die beiden (Apprehension und die Reproduktion) bilden zwei verschiedene, aber zusammenhängende synthetische Handlungen derselben reinen Einbildungskraft.

d) Aus den obigen drei Thesen ist festzuhalten, dass die reine Einbildungskraft in der Apprehension und der Reproduktion als eine formale *Vergleichshandlung* der Vorstellungen überhaupt und zugleich der reinen Zeit überhaupt gilt.

Die letzte These zeigt mein Verständnis der „Synthesis überhaupt“ der Einbildungskraft in der A-Deduktion. Die reine Einbildungskraft in der Erkenntnistheorie bezieht sich vor allem auf die allgemeine „Synthesis überhaupt“ (B 103) und gilt als das Vermögen der reinen Synthesis des sinnlichen Mannigfaltigen.[12] Unter der Synthesis verstehe ich die durchlaufende Kombination von diskreten sinnlichen Daten in einem einheitlichen Bewusstsein eines Objektes oder eines Sachverhaltes.[13] Dabei wird die Einbildungskraft durch das *Durchlaufen* (die sukzessive durchlaufende Synthesis) oder das Durchdenken des raumzeitlichen Mannigfaltigen gekennzeichnet, das sich durch eine Vergleichshandlung der Zeit und der Erscheinungen in der Zeit eindeutig darstellen lässt.

12 Vgl. A 120 und B 102–103 / A 77–78.

13 KrV, A 77–79/ B 102–5; Mclear, P, 81.

1.1.1 Die Synthesis der Apprehension und der Augenblick

Am Anfang der A-Deduktion stellt Kant die Synthesis in einer Anschauung, nämlich die „Apprehension" in der Anschauung, dar, die aus einem Mannigfaltigen der Anschauung und einer korrespondierenden Handlung des Zusammennehmens besteht. Das Zitat über das Mannigfaltige ist Mohrs Ansicht nach in zwei Sätze geteilt:

> „Jede Anschauung enthält ein Mannigfaltiges in sich, welches doch
> nicht als ein solches vorgestellt werden würde, wenn das Gemüt
> nicht die Zeit in der Folge der Eindrücke auf einander *unterschiede*:
> denn als in einem *Augenblick* enthalten, kann jede Vorstellung niemals etwas anderes, als absolute Einheit sein." (A 99)

1. Das Mannigfaltige einer Anschauung gilt als ein solches nur, wenn seine Teile sich voneinander unterscheiden, indem die Zeit von dem Gemüt sukzessiv unterschieden wird. Die Zeit bildet dabei zunächst das Nacheinandersein, in dem unsere Eindrücke aufeinander folgen und sich auf verschiedene Zeitstellen beziehen. Die reine Zeit bildet das *Unterscheidungsprinzip* der sinnlichen Vorstellungen durch die zeitliche Differenzierung oder Individuation. Dieser Satz stimmt mit dem erwähnten Schluss in der Ästhetik überein.
2. Dann versucht Kant mithilfe des Augenblicks, der wohl den imaginativ kleinsten Zeitteil darstellt, den ersten Satz zu erklären. Der imaginative oder ideale kleinste Zeitteil lässt sich nicht weiter teilen, daher bildet er eine absolute Einheit der Zeit. Durch diese kleinste Zeit sind wir nicht mehr fähig, eine Vorstellung weiter zu teilen, da es an einem Kriterium fehlt. Die Einheit des Augenblicks gewährleistet die „absolute Einheit" einer Vorstellung. (Der imaginative Augenblick besagt des Näheren einen isolierten oder (externen) beziehungslosen Zeitsteil, der von der Sukzession der mehreren Eindrücke in der „Antizipation" abstrahiert wird (B 209).)

Danach folgt eine Synthesis des Mannigfaltigen, die die Einheit der Anschauung bildet, wie es in dem Zitat gezeigt wird. Daraus ist der dritte Satz zu bilden.

> „Damit nun aus diesem Mannigfaltigen Einheit der Anschauung werde (wie etwa in der Vorstellung des Raumes), so ist erstlich das *Durchlaufen* der Mannigfaltigkeit und dann das Zusammennehmen desselben notwendig, welche Handlung ich die Synthesis der Apprehension nenne, weil sie gerade zu auf die Anschauung gerichtet ist ..." (A 99)

3. Die synthetische Handlung wird als ein „Durchlaufen“ kenngezeichnet, nämlich, dass die Handlung das gegebene Mannigfaltige, nämlich die sukzessiven Eindrücke, durchquert und durchdenkt/durchschaut. Die Handlung bildet eine Einheit der Anschauung, sodass wir die vielfältigen Eindrücke, nämlich das Mannigfaltige, uns in „einer Vorstellung“ (einem Vorstellungs-Bild) vorstellen.

Das Mannigfaltige gilt dabei als ein zeitliches Kompositum, d.i. eine Vielheit von Eindrücken, während die Synthesis der Apprehension als die synthetische Einheit der Eindrücke wirkt. Die beiden (das Mannigfaltige und die Synthesis der Apprehension) im ersten und dritten Satz bauen ein Begriffspaar in der Synthesis-lehre zusammen. Die Synthesis der Apprehension ermöglicht nach Mohr weiter eine unterscheidende Identität oder eine „differenzierte Einheit“ des sinnlichen raumzeitlichen Mannigfaltigen[14], die eine Vergleichshandlung der sinnlichen Eindrücke implizit enthält. Diese Vergleichshandlung der Eindrücke, die Mohr mit drei Sätzen (jeweils über den Augenblick, das Mannigfaltige und die Apprehension) andeutet, ist durch einen formalen Vergleich der reinen Zeit wie folgt zu erklären:

a) Die kleinste Zeit, d.h. der Augenblick, ist mit sich selbst notwendig identisch, sodass sie nicht als die zerbrochenen zwei oder mehreren Zeiten gelten kann. Die logische Identität eines Augenblicks begründet die formale „absolute Einheit“ des Augenblicks selbst und weiter die empirische Gleichzeitigkeit der Eindrücke in diesem.
b) Die verschiedenen Zeiten hingegen unterscheiden sich voneinander (untereinander) und folgen aufeinander. Sie bildet eine reine Aufeinanderfolge (die unbestimmte Zeitfolge), die als die Form des inneren Sinns (der Sinnlichkeit) gilt.[15] Die reine Differenzierung der Zeit bildet die reine zeitliche Aufeinanderfolge oder die reine sukzessive

14 Mohr 1991, S. 190.

15 Die Form des inneren Sinns ist vor allem die reine Sukzession oder die Aufeinanderfolge der Zeit, weil die Apprehension die synthetische Handlung bei einer Anschauung, nämlich beim inneren Sinn, darstellt. Mohr hat das Verhältnis zwar zurecht anders interpretiert, um seine Theorie des inneren Sinns zu beweisen: Die Apprehension, sagt er, geschehe sukzessive, daher sei die Form des inneren Sinns durchwegs sukzessiv. Aber seine Konklusion beruht auf meiner Konklusion, dass die produktive EBK sukzessiv geschieht, weil die Apprehension zu der Handlung der EBK gehört. Vgl. Mohr, 1991, S. 185.

Zeit, die die Differenzierung der Eindrücke oder des Mannigfaltigen in der Zeit ermöglicht.[16]

c) Die Synthesis der Apprehension kombiniert die sukzessiven Zeiten, um eine synthetisch bestimmte Zeitfolge zu bilden, worin ein Augenblick (eine kurze Zeit) mit sich selbst identisch ist, während die verschiedenen Zeiten sukzessiv und synthetisch verbunden sind. Diese bestimmte Zeitfolge bildet die formale Vergleichung (eine differenzierte Einheit) der reinen Zeit überhaupt; darauf beruht die Vergleichung der sinnlichen Eindrücke.

Die obige Identität und die Differenzierung und die differenzierende Einheit (Apprehension) der Zeit bilden eine formale Vergleichshandlung (Synthesis) der reinen Zeit, die der Vergleichshandlung (der Synthesis) der sinnlichen Eindrücke zugrunde liegt. Die erste These (a.) ist festzuhalten: Die Synthesis der Apprehension bildet eine *Vergleichshandlung* sowohl der reinen Zeitfolge (in früher und später) als auch der Eindrücke (oder des sinnlichen Mannigfaltigen) in der Zeit.

Exkurs über das Problem des Augenblicks

Dabei ist der *Augenblick* im zweiten Satz auffällig, der nach Mohr nicht mit dem Begriffspaar in den andren zwei Sätzen (über das Mannigfaltig und die Synthesis der Apprehension) übereinstimmt. Lange glaubt sogar, dass die Behauptung des Augenblicks als absoluter Einheit schlicht „falsch“ oder mindestens unnötig sei.[17]

1. Nach ihrem Gegenbeispiel könnten wir in einem Augenblick unmittelbar viele Erscheinungen anschauen, z.B. einen Gegenstand gleichzeitig sehen oder hören, was als eine Vielzahl der Sinneseindrücke (das sinnliche Mannigfaltige) anerkannt werden müsste. Das unbestimmte verschiedene Mannigfaltige widerspreche der von Kant behaupteten „absoluten Einheit“ des Inhaltes in einem Augenblick.

2. Für Mohr kann die Synthesis der Apprehension in der absoluten Einheit (des Augenblicks) auch nicht mehr sukzessiv durchlaufen werden, weil eine absolute Einheit keine Teile besitze. Der Augenblick

16 Kants mögliche Bedingungen der objektiven Erkenntnisse beziehen sich immer auf die notwendigen Bedingungen der Erkenntnisse. Daher zeigt die Formulierung, A ermöglicht B, m.E. immer, dass A eine **notwendige** Bedingung für B bildet, auf Grund deren B möglich ist.

17 Mohr 1991, S. 180–183. Lange 1988, S. 78.

stimme demnach nicht mit dem Mannigfaltigen und der Apprehension überein, d.i. der zweiten Satz sei nicht kompatibel mit dem ersten und dritten Satz.

Gegen die Behauptung von Lange würde ich argumentieren:

1. Der Augenblick bildet wahrhaftig eine Kontradiktion gegen das Mannigfaltige oder eine *Entgegensetzung* gegen die sukzessive Synthesis der Apprehension. Dies ist aber kein Fehler von Kant, wie Lange glaubt, sondern eher ein Beweisschritt, der als ein Anti-Beweis, eine reductio ad absurdum, gilt. Das Mannigfaltige, das sich auf die Folge der Eindrücke bezieht, kann nicht zugleich sowohl als eine verschiedene Vielheit und auch als eine absolute Einheit (Augenblick) gelten. Die Inkompatibilität des zweiten Satzes (über den Augenblick) mit den anderen zwei Sätzen (jeweils über das Mannigfaltigen und die Apprehension) zeigt uns, dass es nur eine Möglichkeit für unsere Anschauung gibt, nämlich durch das Mannigfaltige und die sukzessiv synthetische Handlung der Apprehension. Erstere beschreibt den sinnlichen Inhalt, während die Letztere als die formale Bestimmung des Inhalts gilt.

2. Die Einheit des Augenblicks kann nicht als eine Einheit des empirischen Inhaltes (des Mannigfaltigen) betrachtet werden, sondern nur als eine *formale* Einheit der kleinsten Zeit (Augenblick) selbst, wie bei der These b. über die Gleichzeitigkeit erwähnt. Am Neujahrstag 24:00 Uhr zünden beispielweise die Menschen aus verschiedenen Gegenden gemeinsam ihr Feuerwerk an. Diese Handlung des Anzündens geschieht in demselben Augenblick, d.h. gleichzeitig, während der Inhalt der Handlung, dies oder das hier oder dort anzuzünden, nicht unbedingt gleich ist.

Mohr betrachtet m.E. zurecht den Augenblick innerhalb der Theorie des inneren Sinns von Kant als ganz *problematisch*. Der innere Sinn, dessen Form die reine Sukzession der Zeit ist, hängt mit dem ersten Satz (über das sinnliche Mannigfaltige) zusammen und bildet demnach möglichweise mit dem Augenblick einen logischen Widerspruch. „Eine Anschauung, die nur als in einem einzigen Augenblick enthalten gegeben werden kann, ist keine Anschauung, deren Mannigfaltiges vorgestellt werden kann.“[18] Ein zweiter Grund liegt darin, dass der Augenblick als ein Grenzpunkt nicht wahrnehmbar ist. Der Augenblick hier

18 Mohr 1991, S. 186.

wirkt möglichweise als ein Grenzpunkt, nämlich als die sogenannte „Zeitstelle", damit man zwischen zwei Zeitstellen eine Zeitdauer d.i. eine Zwischenzeit eingrenzt, z.B. Eine Stunde ist eine Zeitdauer zwischen 12 und 13 Uhr. Hier gilt die 12 und 13 Uhr als die beiden Zeitstellen oder Grenzen, wie Kant danach in einem Grundsatz des Verstandes (in der Antizipation B 211) erwähnt hat. Auf das Problem des Augenblicks, das ein klassisches philosophisches Problem zu der Zeit darstellt, gehe ich später (in dem Kapitel 2.2 über die mathematischen Grundsätze) näher ein.

1.1.2 Die reproduktive Einbildungskraft

Mit der Apprehension stellen wir uns das Mannigfaltige in einer Vorstellung vor, sodass wir die Einheit des Mannigfaltigen in einer Anschauung bilden können. Danach kommen die vergangenen Eindrücke eines Gegenstandes in Frage. Dies bildet die Aufgabe der reproduktiven Einbildungskraft, dass sie die sinnlichen Eindrücke widererzeugt oder nachbildet, um eine Anschauung zu ergänzen. Wenn ich beispielweise den Eingang und die Fassade einer Bibliothek erstmals sehe, kann ich meine sinnlichen Eindrücke über die bereits bekannten Bibliotheken *rekombinieren* und an der gegenwärtigen Anschauung hinzuimaginieren, um ihr Inneres und ihre Rückseite ergänzend zu vergegenwärtigen. Die Einbildungskraft erschafft also zwar sofern, als sie die nicht erblickte Rückseite und das Innere aus den sinnlichen Eindrücken im Gemüt vergegenwärtigen kann, aber dies ist nichts anders als die Rekombination und Nachbildung der bereits vorhandenen Eindrücke. Hinsichtlich einer gegenwärtigen Anschauung eines Gegenstandes vereinigt die reproduktive Einbildungskraft die verschiedenen ähnlichen oder relevanten Eindrücke über denselben Gegenstand in einer Vorstellung. Das beweist teilweise die These b: Die Reproduktion bildet dabei eine *Vergleichshandlung* der empirischen Anschauungen, indem sie die Eindrücke in den Anschauungen voneinander unterscheidet, zusammen rekombiniert und schließlich für einen Gegenstand, z.B. für die Bibliothek, gestaltet. Die gegenwärtige Anschauung gilt als der Anlass der Reproduktion der nicht mehr gegenwärtigen oder vergangenen Erscheinungen; daher dreht die reproduktive Einbildungskraft sich um die Gegenwart. Sie verlangt weiter eine formale Unterscheidung der modalen Zeit in der Gegenwart und in dem Korrelat der Gegenwart (der Vergangenheit und der Zukunft), wie es im Zitat deutlich wird. Ein vergangenes Ereignis wird von den damaligen Eindrücken oder von dem treuen Gedächtnis davon repräsentiert, während ein zukünftiges Ereignis von einem rationalen Vorhersagen repräsentiert wird. Den sinnlichen Prozess beschreibt Kant in der Anthropologie wie folgt:

> „Das Vermögen, sich vorsetzlich das Vergangenen zu vergegenwärtigen, ist das Erinnerungsvermögen; und das Vermögen, sich etwas als zukünftig vorzustellen, das Vorhersehungsvermögen." *Anthropologie*. B 92.

Die Vergleichshandlung der empirischen Anschauungen ist zugleich eine Unterscheidung der empirischen Zeit. Die Synthesis der Einbildungskraft geschieht insofern sukzessive und „durchgängig" (A 102), als ich die Vorstellungen schrittweise sukzessive („eine... nach der andern" A 102) von Anfang bis Ende in Gedanken durchlaufe, um eine vollständige modale empirische *Zeitfolge* zu formen, die aus einer Gegenwart und einer Vergangenheit und einer Zukunft besteht.[19] (These b.2.) Diese Folge der modalen Zeit ergibt sich aus der Unterscheidung in die drei Teile (Gegenwart, Vergangenheit und Zukunft) und aus der Kombination der drei, nämlich aus der Vergleichshandlung (Unterscheidung und Kombination) einer Zeitfolge. Auf der Zeitfolge baut eine imaginative Linie und eine Zeitdauer oder eine sukzessive Addition der Zahl auf, wie es im Zitat gezeigt wird.[20] Die Bildung einer Linie erkläre ich später bei der Linienanalogie der Zeit, sodass ich mich zunächst auf die reine Zeit und die Zahl fokussiere. Kants Argumentation für die sukzessive Synthesis der Reproduktion gliedert sich in zwei Argumente: 1. das über die reine Zeit. 2. das über die Zahl.

> „Nun ist es offenbar, dass, wenn ich eine Linie in Gedanken ziehe, oder die Zeit von einem Mittag zum anderen denken, oder auch nur eine gewisse Zahl mir vorstellen will, ich erstlich notwendig *eine* dieser mannigfaltigen Vorstellungen *nach der anderen* in Gedanken fassen müsse." (A 102, Hervorhebung von mir)

1. Wenn ich eine Zeitdauer, z.B. eine „Zeit von einem Mittag zum andern", denke, darf ich die vorhergehenden Zeitphasen nicht verges-

19 „...ohne die Gegenwart des Gegenstandes" A 100 und B 151.

20 Die reine Zeitvorstellung (und Raumvorstellung) und die Zahl geben nicht nur die Beispiele oder die Konkretisierung der Synthesis der EBK, sondern auch das Ergebnis der sukzessiven Handlung der Reproduktion.

sen, sondern muss sie mit den damaligen Eindrücken repräsentieren, um eine vollständige Vorstellung von der empirischen Zeitfolge zu erwerben, d.i. um die Zeitfolge lückenlos durchgängig in Gedanken zu fassen. Abstrahieren wir von dem empirischen Inhalt der Zeitfolge, dann erwerben wir eine rein*e* Zeitfolge aus der reinen Synthesis der Einbildungskraft.[21] Diese reine Zeitvorstellung gilt als eine bestimmte Zeitfolge oder als ein Begriff der Zeit, der aus der Abgrenzung aus der einzigen unendlichen Zeit besteht. Diese sukzessive Reproduktion bildet vor allem schrittweise die reinen Vorstellungen von Zeit (und Zeiteinheiten) mithilfe der empirischen Anschauungen, d.h. die Vergleichung (Reproduktion) der empirischen Eindrücke bildet eine notwendige Bedingung der Vergleichung (Unterscheidung und Kombination) der modalen Zeit. Die Reproduktion der Einbildungskraft hingegen ist nicht fähig, eine reine modale Zeitfolge unmittelbar, d.h. ohne sinnliche Anschauungen, in dem Kontext zu formen.

Ich fasse die These b über die Reproduktion zusammen: Die Reproduktion gilt als eine *Vergleichshandlung a priori*, d.h. als die Unterscheidung und die Rekombination der empirischen Anschauungen. Wenn man von dem sinnlichen Inhalt in der Zeit abstrahiert, dann ist daraus die formale Vergleichshandlung (die Unterscheidung und Kombination) der reinen modalen Zeit abzuleiten, auf Grund deren die Teilung und Kombination der modalen Zeit möglich ist. Die Synthesis der modalen Zeit entspringt aus der reproduktiven Synthesis der empirischen Anschauungen.

1. Diese sukzessive Synthesis (der Einbildungskraft) konkretisiert sich darüber hinaus als eine mathematische Zahl (eine Menge), die aus der „sukzessiven Hinzutuung von Einem zu Einem“ entspringt (A103). Die Zahl unterscheidet sich von der reinen Zeitvorstellung und Raumvorstellung, indem sie auf einer reinen deutlichen Regel, nämlich auf dem Begriff der Totalität (d.i. auf dem Begriff der heit“ in der Kategorientafel), beruht. Die Synthesis der reproduktiven Einbildungskraft führt schließlich zu der synthetischen Einheit der Verstandesbegriffe (der Kategorien), weil die letzte die

21 Die „*reineste* und erste Grundvorstellung von Raum und Zeit.“ KrV, A 102. Die Zeitvorstellung ist rein, weil sie von dem sinnlichen Inhalt abstrahiert; sie ist grundlegend, weil sie als die Form einer empirischen Anschauung gilt, so wie bei der Raumvorstellung.

erste Synthesis der Einbildungskraft mit einer logischen Einheit bestimmt.

Besonders zu erwähnen ist dabei die theoretische Frage, welches Verhältnis die Einbildungskraft zu der Apprehension hat, wenn die beiden doch „unzertrennlich verbunden" (A 102) sind. Eine Antwort darauf ist, dass die Apprehension als eine konkrete synthetische Handlung der reproduktiven Einbildungskraft in einer Anschauung gilt, weil Kant nachher die Apprehension weiter als eine „unmittelbar an den Wahrnehmungen geübte Handlung" der Einbildungskraft bestimmt.[22] Es erklärt, dass die beiden Synthesen (der Apprehension und der Reproduktion), wie vorhin erwähnt, durchwegs sukzessive geschehen. Sowohl die Reproduktion als auch ihre konkrete Handlung in einer Anschauung, nämlich die Apprehension, geschehen sukzessiv, indem das Gemüt die Zeit voneinander unterscheidet. Die Apprehension und die Reproduktion gleichen sich zwar in dem Punkt, dass sie zu der Synthesis, nämlich der durchlaufenden Kombination der Vorstellungen, gehören, aber sie unterscheiden sich voneinander hinsichtlich der reinen Zeit wie folgt: Sie bilden zwei verschiedene, aber zusammenhängende synthetische Handlungen *derselben* reinen Einbildungskraft wie folgt (These C) : Die Apprehension unterscheidet die reine Zeit sukzessive nach einem früher/später-Verhältnis, während die Reproduktion die Zeit in die Gegenwart und in die nicht gegenwärtige Vergangenheit und Zukunft gliedert.[23] Unter der reinen Zeit versteht Kant dabei entweder ein Nacheinander oder eine modale Zeit. Die *reine Zeit*, nämlich die „reinste Vorstellung von Zeit" (A 102), ist nicht selbstverständlich wie der reine Raum (z.B. die geometrischen Gestalten), sondern eher fragwürdig oder problematisch hinsichtlich des Problems der reinen Anschauung der Zeit.[24] Die Frage in dem Fall ist, welches Verhältnis es zwischen den beiden Zeiten gibt, die entweder als eine frühe/spätere-Zeit oder als eine modale Zeit aufgefasst werden. Es ist zu fragen, ob

---

22 Vgl. A 102 und A 120.

23 Nach Mohr 1992, S. 191: Wir platzieren Ereignisse (E1, E2, E3, E4) in der Zeit, indem wir sie entweder mit den früheren/späteren Verhältnissen oder mit einer modalen Zeit bestimmen: E1 ist früher als E2, E2 ist gleichzeitig mit E3; E1 ist vergangen (E2 war da), E2 ist gegenwärtig, E4 wird in der Zukunft geschehen.

24 Die reine Anschauung des Raums bezieht sich beispielweise auf die geometrischen Gestalten, während die reine Anschauung der Zeit problematisch ist. vgl. *Kantlexikon.* S. 110. KrV B47.

eine grundlegender als die andere ist. Darauf gehe ich nachher bei der Besprechung des reinen Mannigfaltigen der Zeit näher ein. Ohne die beiden Zeiten von der anderen zu unterscheiden, bilden diese beiden zusammen eine „reine Zeit überhaupt".

Aus den Thesen a., b. und c. ist das Fazit (als These d.) zu ziehen: Die reine Einbildungskraft in der Apprehension und der Reproduktion zeigt sich als ein apriorisches Vergleichsprinzip oder eine apriorische *Vergleichshandlung* unserer Vorstellungen überhaupt, indem sie die „reine Zeit überhaupt" in sich teilt (individualisiert / differenziert) und dann durchlaufend (re)kombiniert, um eine einheitliche Zeitfolge zu bilden. Die reine Einbildungskraft stellt das reine Verbinden, nämlich die reine „Synthesis überhaupt" des sinnlichen Mannigfaltigen dar, indem sie als eine apriorische Vergleichshandlung gilt, auf Grund deren die empirische Rekombination oder Reproduktion der Eindrücke möglich sind.

Die These (c), dass die Apprehension und die Reproduktion zwei verschiedene, aber zusammenhängende synthetische Handlungen derselben reinen Einbildungskraft bilden, versuche ich weiter mit einer korrespondierenden Stelle in der B-Deduktion über die sinnliche, d.h. die „figürliche" Synthesis der Einbildungskraft[25] *erneut* zu beweisen:

> „Die Einbildungskraft ist das Vermögen, einen Gegenstand *auch ohne* dessen Gegenwart in der Anschauung vorzustellen" (B 151 vgl. auch A 100).

Die Formulierung „auch ohne" (sowohl in der A-Auflage als auch in der B Auflage) bedeutet in dem Fall „sogar ohne", welches sich entweder auf eine Anschauung des gegenwärtigen Gegenstandes oder auf einen nicht gegenwärtigen Gegenstand bezieht. Die reine Einbildungskraft, d.i. die transzendentale Einbildungskraft[26] in der B-Auflage, ist demnach in zwei Fällen tätig:

1. Erstens wirkt die reine Einbildungskraft bei der Synthesis in einer Anschauung, deren Gegenstand gegenwärtig, d.h. direkt anschaubar

---

25 Die Synthesis des sinnlichen Mannigfaltigen (der Figuren) gilt als die figürliche Synthesis der EBK, die sich von der intellektuellen Synthesis des Verstandes, der eine synthetische Einheit eines Begriffes besitzt, unterscheidet.

26 Die EBK transzendiert die empirischen Eindrücke und ist nur mit der Synthesis des reinen sinnlichen Mannigfaltigen beschäftigt. Vgl. B 118–B 120 und den Abschnitt über das reine Mannigfaltige der Zeit.

ist. In dem Fall gilt die sinnliche oder figürliche" Synthesis der Einbildungskraft als die Synthesis der *Apprehension* in einer Anschauung.[27] Es bestätigt die These (c1), dass die Apprehension in der A-Deduktion als die konkrete Handlung der Einbildungskraft in einer Anschauung gilt.

2. Wenn der Gegenstand nicht gegenwärtig ist, gilt die Synthesis der Einbildungskraft zunächst als die *Reproduktion* der Einbildungskraft nach den Untersuchungen von Koch und Rosefeldt[28], nach denen die Anschauung des Nicht-Gegenwärtigen möglich ist. In der Reproduktion, etwa im Behalten und Reproduzieren der Vergangenheit, geht es um eine indirekte oder derivative Anschauung.[29] „Die Einbildungskraft (facultas imaginandi) ist ein Vermögen der Anschauungen auch ohne Gegenwart des Gegenstandes."[30]; Darüber hinaus kommt noch eine regelhafte Bestimmung der Sinnlichkeit nach einer der Kategorien hinzu, weil ein Gegenstand mithilfe einer der Kategorien (und damit einer Regel a priori) regelhaft oder „gesetzmäßig" sinnlich gegeben werden sollte. Diese intellektuelle Bestimmung der Einbildungskraft in Bezug auf den Verstand analysiere ich später in Zusammenhang mit der transzendentalen Einbildungskraft.[31]

Die figürliche Synthesis der Einbildungskraft gilt nicht nur als die Apprehension beim gegenwärtigen Gegenstand, sondern auch als die regelhafte Reproduktion beim nicht gegenwärtigen Gegenstand, damit man eine Veränderung des Orts oder sonstiger akzidentieller Eigenschaften [32] in der Zeit durchdenkend begreifen kann. In der ersten Tätigkeit der figürlichen Synthesis der Einbildungskraft geht es um die Synthesis in einer Anschauung, während es in der zweiten um die begriffliche Bestimmung der Sinnlichkeit geht. Die letztere spontane Tätigkeit der Einbildungskraft bildet eine notwendige Bedingung für die erstere Tätigkeit, auf Grund deren sie überhaupt möglich ist. Die bei-

---

27 „So gehört die EBK [...] zur Sinnlichkeit." B 151.

28 A. Koch 2004, S. 185. T. Rosefeldt 2019, P.53.

29 Dörflinger, Nulldimension, S. 248.

30 Kant, *Anthropologie in pragmatischer Hinsicht* WW (Vass.) VIII, §28, S. 54.

31 Die EBK gilt als eine Wirkung des Verstands oder die „Ausübung der Spontanität", womit man eine Anschauung oder die Anschauungen regelhaft bestimmt, B 151.

32 Eine Akzidenz ist die „Inhärenz". Sie ist eine besondere Bestimmung einer Substanz, die die Subsistenz darstellt. KrV, B 230.

den Funktionen der figürlichen Synthesis (in der B-Deduktion) beweisen wieder die These c in der A-Deduktion, dass die Apprehension und die Reproduktion zwei verschiedene, aber zusammenhängende synthetische Handlungen derselben reinen (transzendentalen) Einbildungskraft bilden.

1.2 Linienanalogie der Zeit und die produktive Einbildungskraft

In dem vorliegenden Abschnitt werden Kants Beschreibungen und Begründungen der Linienanalogie der Zeit rekonstruiert, damit die Einbildungskraft, die zunächst als die produktive Einbildungskraft[33] in der B-Deduktion gilt, wieder als eine Vergleichshandlung bewiesen wird. Kants Bestimmungen der reinen Zeit und ihrer Linienanalogie sind nach den zwei Erkenntnisquellen in diese beiden Gruppen von Thesen zu teilen:

1. In der transzendentalen Ästhetik ist die reine Zeit die Form des inneren Sinns, die zunächst das Zeitverhältnis der Aufeinanderfolge darstellt. Die verschiedenen Zeiten folgen nacheinander, demnach erfolgen unsere Gemütszustände oder Vorstellungen in der Zeit ebenfalls nacheinander. Im Kontrast dazu kann das Mannigfaltige uns auch in einer Zeit sinnlich gleichzeitig gegeben werden. Die Zeitfolge hat eine Richtung: Die Gegenwart fließt (an einer „Zeitlinie“ entlang) von der Vergangenheit in die Zukunft oder von früher nach später hin.[34] Um die *Aufeinanderfolge* der Zeit deutlich zu zeichnen, stellt Kant dann eine unklare Linienanalogie der Zeit vor: Die Zeitfolge unserer Vorstellungen selbst hat weder Gestalt noch Ort. Um diesen sogenannten „Mangel“ zu überwinden, bildet er eine unendliche Linie.

33 In dem Schematismus und an den anderen Stellen bei den Grundsätzen des Verstandes bezieht Kant die *produktive* EBK und ihre „bildende Synthesis“ deutlich auf die Konstruktion der geometrischen Gestalten. Die produktive EBK ist fähig, die geometrischen Figuren oder Gestalten, z.B. eine Linie, aus einer geradlinigen Bewegung zu erzeugen. Vgl. KrV B 151–B 152. Die Zusammenfassung und Gliederung der Funktionen der EBK erfolgt beim nächsten Abschnitt mit dem Titel „die transzendentale EBK“(1.3).

34 Die Richtung der Zeit gehört zu der einer „Dimension“ der Zeit, die zwei Richtungen gegeneinander besitzt (B 47). Die Nachfolge der Zeit kann auch als „Verfließen“ gelten, vgl. K. Düsing, S. 4–6 und KrV, B 212.

Sie bildet die „äußere Anschauung" oder das „Bild" der Zeit.[35] Die Differenz liegt darin, dass die Teile der Linie gleichzeitig vorhanden sind, während die Teile der Zeit nacheinander folgen. Abgesehen davon soll die Linie „alle" Eigenschaften der Zeit zeigen.[36]

2. In der transzendentalen Analytik wird die Bestimmung der Sinnlichkeit, d.h. die Bestimmung der reinen Zeit durch den Verstand (Einbildungskraft), verdeutlicht. Hier spielt die *Ausdehnung* oder Extension der Zeit, etwa von gestern Mittag bis heute Mittag, eine zentrale Rolle. Die Zeitausdehnung lässt sich dabei durch die imaginative Bildung einer Linie darstellen, indem wir eine gerade Linie zeichnen oder „ziehen" (B 154). Diese Bildung der Linie findet sich sowohl in den transzendentalen Deduktionen in den beiden Auflagen als auch in dem ersten Grundsatz des Verstandes (Axiome der Anschauung), wobei jeweils die imaginative Konstruktion einer Linie die Ausdehnung der Zeit und des Raums veranschaulicht. Die Zeitausdehnung funktioniert beispielweise als die lineare Zeitachse in der Koordinate.

Die zwei Thesen der Linienanalogie der Zeit lassen sich so kennzeichnen: a. in der Ästhetik gilt die *Linie* als ein äußeres Bild der Zeit. b. in der transzendentalen B-Deduktion behauptet Kant nicht mehr die Zeitlinie, sondern die *Bildung,* nämlich die reine Konstruktion einer Linie[37], indem wir in Gedanken eine Linie zeichnen. Die erste Linienthese bemüht sich darum, das Zeitverhältnis der Aufeinanderfolge zu zeichnen, welches die Form des inneren Sinns bildet, während die zweite Bildungsthese die aktive Handlung der produktiven Einbildungskraft beschreibt, die als eine „Produktivität", d.h. als eine abhängige Spontaneität, gilt.[38] Dabei versuche ich zu beweisen, dass die *Bil-*

---

35 Die Linie ist „äußere Anschauung" (B 50), nämlich die „äußerliche figürliche Vorstellung" (B 154) oder das „Bild" (B 156) von der Zeit. Das Bild gibt wieder die Einheit einer empirischen Anschauung.

36 B 50/A 33 sowie B 154–B 155, B 203/A 163.

37 Die Bildung oder „bildende " Handlung beschreibt die aktive reine „Konstruktion" eines mathematischen Begriffs (B 741) in Gedanken gegenüber der empirischen Konstruktion, z.B. einer Strecke bestimmter Länge auf einem Papier. Die „Bildung" und „bildende" Handlung beschreibt die Schöpfung der Künstler „im Raum", z.B. in der bildenden Kunst. Vgl. Anthrop. B 79–80.

38 Die produktive EBK ist eine logische „Wirkung des Verstandes" (B **152**). Die Spontaneität der EBK entstammt demnach aus der Spontaneität des Verstandes, sodass sie eine abhängige, unselbständige Spontaneität bildet, die ich mit der „Pro-

dungsthese (die Konstruktionsthese) der Linienthese (der Bildthese) innerhalb der Linienanalogie der Zeit Kants zugrunde liegt: Die reine Einbildungskraft ist, wie Kant andeutet und die meisten Untersuchungen es beschreiben, in der Lage, eine geradlinige Bewegung eines Punktes (z.B. die Kugel eines Kugelschreibers) zu vergegenwärtigen, dessen Bewegungsbahn eine Linie bildet. Die Linie kann weiter die Einheit der sukzessiven Zeitstadien der Bewegung, nämlich die Zeiteinheit, darstellen. In dem Sinn wird die Linie durch die geradlinige Bewegung konstruiert, sodass die Bildungsthese eine *hinreichende* (aber nicht notwendige) Bedingung für die Linienthese bildet. (Die Linienthese ist umgekehrt eine notwendige, aber nicht ausreichende Bedingung für die Konstruktion einer Linie, d.i. für die Konstruktionsthese.)

Die Priorität der Bildungsthese vor der Linienthese selbst ist zwar keine neue Schlussfolgerung in der Erkenntnistheorie, aber die Rolle der produktiven Einbildungskraft dabei ist bis jetzt noch nicht systematisch betrachtet geworden. In der bisherigen Literatur ist ist nur Rosefeldts Hinweis zur produktiven Einbildungskraft meiner Rechtfertigung der Einbildungskraft bei der Bildungsthese verwandt. Mit der schrittweisen Darstellung der produktiven Einbildungskraft versuche ich vor allem sie näher als eine formale Vergleichshandlung zu kennzeichnen. Dies beweist wieder das Fazit aus der A-Deduktion, wie vorhin erwähnt, dass die reine Einbildungskraft bei der Apprehension und der Reproduktion eine formale Vergleichungshandlung durchführt.

In der B-Deduktion charakterisiert Kant die Zeit nicht mehr mit einer Linie wie in der Ästhetik, sondern mit einer Konstruktion der Linie, indem wir in der Imagination eine Linie bilden oder „ziehen“. Diese Bildung, die nicht nur in der Bildungsthese, sondern auch teilweise in der Linienthese angelegt ist, zeigt uns die Produktivität der produktiven Einbildungskraft. Sie gilt meinem Verständnis nach als eine formale *Vergleichshandlung*, die aus der Differenzierung und der

---

duktivität“ darstelle. Die EBK ist aktiv oder produktiv gegenüber der rezeptiven Sinnlichkeit, während der Verstand spontan, d.i. freiwillig selbst getrieben wirkt. Die abhängige Spontaneität der EBK betrachtet Kaulbach als eine „Figürlichkeit der Figur“, weil die EBK die geometrischen Figuren oder Gestalten in Gedanken bilden kann. Vgl. Kaulbach. S. 147–148.

Einheit einer Zeitfolge besteht.[39] Die Synthesis der produktiven Einbildungskraft hat dementsprechend *beide* Eigenschaften: erstens bestimmt sie die Vorstellungen, nämlich das Mannigfaltige des inneren Sinns, **sukzessive**; zweitens besteht sie in einer aktiv/spontan erzeugenden, nämlich **produktiven** Handlung. Diese beiden Eigenschaften werden jeweils bei der Erklärung der Linienthese und bei der Darstellung der Bildungsthese begründet. Die erste sukzessive Synthesis stellt die Differenzierungs-Handlung der Einbildungskraft dar, indem sie die Zeiten in der Zeitfolge voneinander unterscheidet und dann die verschiedenen Zeiten durchlaufend kombiniert (durchdenkt). Die zweite produktive Eigenschaft der Einbildungskraft zeigt im Kontrast dazu eine logische Bestimmung, nämlich eine „Wirkung" der Spontaneität des Verstands, sodass die synthetische Handlung der Einbildungskraft aktiv die Einheit der sinnlichen Vorstellungen bilden kann. Nach der Produktivität der Einbildungskraft bei der Konstruktion (Bildung) der geometrischen Gestalten folgt eine Zusammenfassung und Analyse der verschiedenen Funktionen der Einbildungskraft und eine nähere Erklärung der Vergleichshandlung der Einbildungskraft in der Bewusstseinstheorie.

1.2.1 Die Linienthese und die Differenzierung der Einbildungskraft

Hier thematisiere ich zunächst die Linienthese, insbesondere ihr Motiv. Das reine Zeitverhältnis der Aufeinanderfolge selbst mangelt nach Kant an den räumlichen Gestalten und Stellen (Positionen). Es betrifft den inneren Sinn im engen Sinn, sodass der innere Sinn sich von dem äußeren Sinn ideal trennt, weil Kant in der Ästhetik den inneren Sinn mit dem äußeren Sinn parallelisiert.[40] Die sogenannte „Mangel" der reinen Zeit an Gestalt (B 50) ist Kants *Motiv* für die Linienthese. Um diesen Mangel zu überwinden, versucht er das reine Zeitverhältnis der Aufeinanderfolge mithilfe einer räumlichen Linie in Gedanken zu vergegenwärtigen. Der innere Sinn und der äußere Sinn stehen in der Tat immer im Wechselverhältnis zueinander, und arbeiten ihre Formen, die

39 „...dass bei der Apprehension „das Gemüt... die Zeit...auf einander unterschiede"... A 102.

40 Vgl. das erste Kapitel.

reine Zeit und der reine Raum, meistens eng miteinander zusammen.[41] Eine äußere Anschauung der Linie kann demnach die innere Anschauung unserer Vorstellungen und ihrer Form (also die zeitliche Aufeinanderfolge) darstellen. Die verschiedenen Zeiten folgen aufeinander, damit die synthetische Einheit der Zeiten gebildet wird. Diese synthetische Einheit einer Zeitfolge, die eine Bestimmung der Zeitverhältnisse der Aufeinanderfolge beschreibt, lässt sich auch mithilfe der Einheit der Linie darstellen.

Diese Linienanalogie der Zeit oder dieses Bild der Zeit zeigt uns eher eine Eigenschaft der reinen Zeit, nämlich, dass die Zeit uns nur zugänglich ist, indem wir sie darstellen. Die klassische Frage danach, was die Zeit ist, sollte dementsprechend als die Frage umformuliert werden: wie uns die Zeit dargestellt werden kann.[42] Diese Frage konkretisiert sich als die Frage: Warum betrachtet Kant die räumliche Linie als die *einzige notwendige* Darstellung einer Zeitfolge (d.i. der Einheit der Aufeinanderfolge der Zeit), wenn er wiederholt explizit behauptet, dass die Linienanalogie der Zeit für unsere Vorstellung (Darstellung) der Zeit notwendig oder zumindest für uns (als das sinnliche Wesen) unentbehrlich sei?[43] Gäbe es denn eine Alternative? Wie könnte man sich die Zeit mit anderen Methoden oder einem anderen Bild vorstellen? Wäre nicht auch eine andere geometrische Gestalt z.B. eine Kurve oder ein Kreis fähig, eine Zeiteinheit darzustellen? Meine Antwort darauf ist, dass auch eine Kurve oder ein Kreis eine empirische bestimmte Zeiteinheit darstellen kann. Z.B. stellen wir uns 7 Tage insgesamt als eine ganze Woche vor, in der die Tage aufeinander folgen:

1. Eine Woche könnte man genauso gut als einen Kreis von Tagen betrachten, da auf den Sonntag (Tag 7) wieder ein Montag (Tag 1) folgt.

2. Eine Woche könnte man auch mit einer Kurve darstellen. Es dauert ein Jahr (circa 365 Tage) bis die Erde die Sonne einmal umrundet, deren Umlaufbahn man mit einer Ellipse darstellen kann. Eine Woche beträgt 7 von den 365 Tagen, sodass sie genauso gut als eine

41 Eine scheinbare Ausnahme davon bilden die akustischen Wahrnehmungen, z.B. das Hören von einem Musikstück, das mit dem inneren Sinn und der Zeit zusammenhängt, aber nicht unmittelbar mit dem Raum, wie z.B. die Note des Musikstückes auf einem Papier mit dem Ton zusammenhängt. O. Höffe, S.

42 Arno Schubbach, P 95.

43 B 154–B 155, A 102, B 203/A 163.

beschränkte (7/365 lange) Kurve auf der Ellipse gelten könnte. Eine Kurve oder ein Kreis, sogar eine der anderen geometrischen Gestalten kann ebenfalls eine reine oder empirische Zeiteinheit darstellen. Daher scheint die Darstellung als „Zeitlinie", die Darstellung einer Zeitfolge durch eine gerade Linie, nicht notwendig zu sein. Die Zeit muss nicht immer mithilfe der geraden Linie dargestellt werden, sondern die Linie kann nur als *eine* der Zeitdarstellungen gelten.

Die Linie liefert uns nämlich nur die Verwandtschaft und Ähnlichkeit, eine „Analogie", von Raum und Zeit. Hingegen wurde die Dis-Analogie von Raum und Zeit schon von vielen Untersuchungen dargestellt.[44]

Die Linie bildet möglichweise ein vorzügliches Beispiel von Zeitdarstellung in Kontrast zu anderen Zeitdarstellungen. Kant ist sich des Beispiele-Charakter der Linie klar bewusst, aber er bevorzugt die gerade Linie vor anderen Gestalten oder vor anderen Darstellungen der Zeit. Ein möglicher Grund dafür kann sein, dass die Linie nicht nur eine *elementare* oder fundamentale Gestalt in der Geometrie darstellt, sondern auch eine *einfache* geradlinige Bewegung, wie folgt:

1. Der erste Grund für Kants Vorliebe für die gerade Linie entstammt zunächst aus der Geometrie, die auf dem reinen Raum beruht, worin die Linie unter allen Gestalten eine elementare Eigenschaft besitzt: die gerade Linie zusammen mit den Punkten und der Ebene gehören zu den fundamentalen Elementen der Geometrie, aus denen die meisten anderen Gestalten sich bilden lassen. Z.B. besteht ein Dreieck aus drei Punkten und drei Linien.

2. Die Linie gilt nicht nur als eine elementare räumliche Gestalt, sondern auch als die einfachste raumzeitliche Bewegungsbahn (motion track) eines Objekts, dessen Ort sich mit der Zeit ändert. Dabei wird der Zeitprozess der Bewegung mithilfe der räumlichen Linie dargestellt: Ohne äußere Krafteinwirkung bleibt nach Newton ein Köper entweder in Ruhe oder in einer gleichförmig geradlinigen Bewegung.[45] Bei der geradlinigen Bewegung eines Köpers handelt es sich

44 Koch, S 209, 225. Rosefeldt, P 64, 65.

45 Gesetz das Beharrungsgesetz. Newton, *Philosophiæ Naturalis Principia Mathematica.* P. 83. „Every body perseveres in its state of rest, or of uniform motion in a right line, unless it is compelled to change that state by forces impressed thereon." „Corpus omne perseverare in statu suo quiescendi vel movendi uniformiter in directum, nisi quatenus a viribus impressis cogitur statum illum mutare."

demnach um die einfachste Bewegung in der klassischen Mechanik, weil sie keine bewegende Kraft oder keine wirksame Kraft – die Kombination mehrerer Kräfte – verlangt. Mit der sukzessiven „Zeitlinie" (Bewegungsbahn) meinte Kant eher die *einfachste* geradlinige Bewegung eines Köpers, die aus den sukzessiven Zeitstadien besteht. Das zeigt uns, dass die Linienthese nur mithilfe der Bildungsthese (Konstruktionsthese) der Linie verständlich ist. Mit der schrittweisen Bewegung beabsichtigt Kant, die sukzessive Eigenschaft der Einbildungskraft zu zeigen, nämlich, dass sie sukzessive (und produktiv) eine Bewegungsbahn synthetisch zusammenfasst. In dem Fall gilt irgendeine Gestalt als eine korrespondierende Konstruktion der Gestalt, die eine sukzessive Bewegung darstellt. Eine Kurve oder ein Kreis können in dem Fall auch die Zeiteinheit darstellen, indem wir uns eine schrittweise Bewegung entlang der Kurve oder dem Kreis vorstellen. Die reine Zeit hängt dabei immer mit einer Bewegung zusammen. Die geradlinige Bewegung und ihre Bahn – eine gerade Linie – gelten demnach nicht als die logisch notwendige und einzige Zeitdarstellung, sondern eher als eine einfache Darstellung der Zeit unter anderen Möglichkeiten.

Dafür stelle ich zunächst eine einfache Bewegung im Sinne Kants dar, um die Zeitverhältnisse (Gleichzeitigkeit und Aufeinanderfolge) in der Linienthese konform mit Kant weiter zu verdeutlichen. Eine Linie entspringt nach Kants Beschreibung (in dem Axiom der Anschauung) aus einer imaginativen geradlinigen Bewegung eines Punktes. Sie repräsentiert eine reale Bewegung z.B. die Bewegung eines Autos auf einer geraden Straße:

> „...ich kann mir keine Linie [...] vorstellen, ohne sie in Gedanken zu ziehen, d.i. von einem Punkte alle Teile nach und nach zu erzeugen." Mit der Zeit ist es ebenso „bewandt" (A 163/B 203)

Die geradlinige Bewegung des Punktes bildet eine Brücke zwischen der Linienthese und der Bildungsthese der Linie und gehört viel mehr zu der Letzteren als zu der Ersteren. Diese Bewegung, die sich auf die Bildungsthese der Linie bezieht, gilt ebenfalls nicht als die einzige notwendige Darstellung der reinen Zeiteinheit, sondern eher als eine der möglichen Darstellungen, die letztlich nur *am einfachsten* unter allen

---

„Jeder Körper beharrt in seinem Zustand der Ruhe oder der gleichförmigen geradlinigen Bewegung, wenn er nicht und soweit er nicht von eingeprägten Kräften gezwungen wird, jenen Zustand zu ändern." M. Heidegger. GA3 S. 79.

ist. Aus diesem Grund bildet sie die beste Darstellung oder das einfachste Beispiel für die reine Zeiteinheit für Kant: Der Punkt und die Linie sind elementare räumliche Vorstellungen in der Geometrie; die geradlinige Bewegung ist wie erwähnt die einfachste Bewegung der klassischen Mechanik; aus den elementaren oder einfachen Komponenten (Punkt, Linie, geradlinige Bewegung) entsteht die Konstruktion der Linie (und die Linienanalogie der Zeit). Daher benötigt die Bildungsthese (hinsichtlich des ökonomischen Prinzips des Denkens[46]) im Vergleich zu den anderen Bewegungen weniger oder möglichweise die geringsten logischen Voraussetzungen, d.i. am wenigsten Erklärungen ihrer Komponenten. Diese geradlinige Bewegung bildet tatsächlich nur eine mögliche Darstellung der Zeit und der imaginativen Zeiteinheit einer Zeitfolge: Die Zeit (Zeitfolge) lässt sich einfach und deutlich mit der geradlinigen Bewegung darstellen. Aus dem Grund folgen die meisten Untersuchungen im ersten Schritt auch der Linienanalogie der Zeit, die aus der Linienthese und der Bildungsthese besteht, worin die Bewegung des Punktes eine gerade Linie bildet.

Dafür gibt es seit dem Mittelalter eine klassische Methode, nämlich, dass man eine ideale „Kugel auf einer völlig ebenen Fläche“ abrollt.[47] Ihre Bewegungsbahn stellt eine perfekte gerade Linie dar, da die Kugel in jedem Augenblick nur einen Punkt der Fläche berührt. Wenn wir die Auflage der Kugel als einen geometrischen Punkt betrachten, entspringt die Linie aus der Bewegung des physischen *Punktes.* Der Punkt läuft Schritt für Schritt von einem Ort zu dem anderen. Er bildet nach und nach eine Linie. Diese schrittweise Bildung ist sukzessiv und stimmt mit dem Zeitverhältnis der Nachfolge überein. Das Ergebnis der Bildung, nämlich die Bewegungsbahn des Punktes, bildet eine zusammenhangende räumliche Linie, deren Teile gleichzeitig sind. Eine gerade Linie, die als Zeitbild oder als eine Zeitachse gilt, zeigt uns schon beide Zeitverhältnisse: die Sukzession und die Gleichzeitigkeit. Beide setzen am Ende noch einen beharrlichen, d.i. physischen Punkt voraus[48], der sich immer voran bewegt. (Ohne diese Voraussetzung, z.B. mit einem Kugelschreiber, dessen Füllung fast ausgenutzt ist, kann

46 Vgl KrV B 678.

47 Nikolaus von Kues über die Kontinuität, vgl. HWPh Bd. 4, S. 1049–1051.

48 Der Punkt gilt in dem Fall zunächst als ein empirisch realer physischer Punkt, der einen bewegenden Köper z.B. eine Kugel oder ein Auto, vertritt. Dann lässt er sich als ein mathematischer Punkt, der keine Ausdehnung besitzt, darstellen.

keine ganze deutliche Linie ergeben, sondern nur eine gepunktete Linie oder undeutliche Spuren, auf einem Papier gezeichnet. Die Bewegung der Kugel des Kugelschreibers kann dabei nicht mehr eine vollständige deutliche Linie bilden.)

Die Bewegung des imaginativen Punktes stellt mindestens beide Zeitverhältnisse der Zeitstadien dar: Die Sukzession aus ihrem dynamischen Prozess, die Gleichzeitigkeit aus ihrem statischen Ergebnis, d.i. die Gleichzeitigkeit der statischen Linienteile, und die Beharrlichkeit des Punktes als ihre Voraussetzung. In dem Fall besagt die von der Bildungsthese ermöglichte Linienthese: Wir sollten aus der Eigenschaft der Linie auf die Eigenschaft der Zeit „schließen" (B 50). Wir rekurrieren von der Linie auf die geradlinige Bewegung des Punktes. Wir gehen von der Linie auf die Bewegung des Punktes zurück, nämlich von dem Ergebnis (der Linie) auf den sukzessiven Prozess der Synthesis der Einbildungskraft (die geradlinige Bewegung). Daraus ist festzuhalten:

1. Die Linienthese besagt tatsächlich keine statische Linie, deren Teile gleichzeitig vorhanden sind, sondern die imaginative Bewegung eines Punktes, dessen Stellen sukzessiv nämlich „nach einander" sind (B 50). Aus der einfachen Bewegung, die von der produktiven Einbildungskraft vergegenwärtigt wird, entstammt die Linie, sodass die Linie notwendigerweise von der imaginativen Bildung der Linie *abhängt*.

2. Die produktive Einbildungskraft gilt in dem Fall als ein sukzessiver Prozess der durchlaufenden Kombination, der die allgemeine Synthesis kennzeichnet: Diese Einbildungskraft unterscheidet erstens die Zeitstadien in einer Abfolge aufeinander, dann kombiniert sie die Zeitstadien sukzessive, sodass das (reine) Mannigfaltige der Zeit in eine Zeiteinheit integriert (vereinigt) wird. Ebenso ist es bei der synthetischen Einheit des Raums. Die Einbildungskraft schafft eine differenzierte Einheit der Zeitfolge oder eine einigende Differenzierung der Zeitstadien. Diese formale *Differenzierung* der Vergleichshandlung charakterisiert Kants „Synthesis": die durchlaufende Kombination von diskreten Daten in einem einheitlichen Bewusstsein eines Objektes oder eines Sachverhaltes.[49] So müssen wir z.B., um eine Veränderung des Orts eines Gegenstands anzuschauen, uns die vergangenen und

49 Meine Bestimmung entstammt aus der Bestimmung von Mclear. Mclear, P, 81. „the running through, gathering together, and building up of discrete bits of data into a unified state of awareness of an object, property, or state-of-affairs." Vgl. KrV,A77–79/B 102–5.

gegenwärtigen verschiedenen räumlichen Stellen in einer Zeitfolge merken.

1.2.2 Die Bildungsthese und die Identität der Einbildungskraft

Die Bildungsthese, nämlich Kans Beschreibungen über die produktive Einbildungskraft in der B-Deduktion (B 155), ergibt sich wie folgt: Ohne das „Ziehen" einer Linie in Gedanken können wir keine Linie denken.[50] Ohne die Konstruktion oder Bildung der drei Dimensionen des Raums können wir keinen Raum denken; ebenso ist es beim Kreis.

An verschiedenen Stellen hat Kant schon die Konstruktion des Kreises und die Ausdehnung (Extension) des Raums und der Zeit dargestellt um die erzeugende oder schaffende Eigenschaft der Einbildungskraft darzustellen. Ein vollkommener Kreis wird dadurch gebildet, dass ein imaginatives Liniensegment sich um einen seiner Endpunkte um 360 Grad dreht. Diese Vergegenwärtigung zeigt eine reine Konstruktion der Gestalt, die eine empirische Entsprechung in der empirischen Konstruktion findet wenn ein Kreis mithilfe eines Zirkels auf einem Papier gezeichnet wird; Die Konstruktion einer Linie[51] entspringt aus der Bewegung des imaginativen Punktes, wenn etwa eine ideale Kugel wie erwähnt auf einer völligen flachen Ebene rollt, deren Bewegungsbahn eine gerade Linie bildet. Die geradlinige Bewegungsbahn zeigt eine sukzessive Synthesis des Raums und der Zeit, womit die eindimensionale Ausdehnung des Raums und der Zeit gebildet wird. Die drei Dimensionen des Raums bestehen dann aus den drei Linien, die senkrecht aufeinander stehen.

---

50 Um das Ziehen wörtlich zu verstehen, vergegenwärtigen wir uns beispielweise eine neu angeschaffte Gitarrensaite, die in einer kleinen Verpackung zusammengerollt ist. Wenn sie auf die Gitarre gespannt bzw. gezogen wird, dann erhalten wir eine geradlinige Gestalt.

51 Die reine Konstruktion der Linie zeigt nicht, dass wir eine Linie einfach mit einem Lineal empirisch zeichnen, wie es Rosefeldt als problematisch dargestellt, weil eine empirische Konstruktion nicht die Vollkommenheit der reinen Konstruktion einer idealen Linie garantieren kann. vgl. Rosefeldt, P.55. „In the case of compass-and-straightedge constructions on the paper, the straightness of the constructed line is [only empirical] guaranteed by that of the straightedge."

Diese Konstruktionen lassen sich mithilfe eines Diagramms von Rosefeldt anschaulich zeigen.[52]Auf der linken Seite sieht man die Gestalten, die aus der konstruktiven/bildenden Handlung der Einbildungskraft auf der rechten Seite entspringen, welche schrittweise gebildet werden.[53] Der Pfeil am rechten Rand zeigt die Richtung einer schrittweise sich bildenden Handlung, z.B. die Bewegungsrichtung der Pinselspitze (der Kugel) von einem imaginativen Kugelschreiber.

> „Wir können uns keine Linie denken, ohne sie in Gedanken zu ziehen, keinen Zirkel denken, ohne ihn zu beschreiben, die drei Abmessungen des Raums gar nicht vorstellen, ohne aus demselben Punkte drei Linien senkrecht auf einander zu setzen…" (B 155).

Die Konstruktion der Linie auf der rechten Seite bildet die statische Linie auf der linken, entsprechendes gilt für den Kreis und die drei Dimensionen des Raums.[54] Daraus ist festzuhalten, dass die ***Bildungsthese*** der Linienthese (Bildthese) zugrunde liegt. Daher hat Kant die Priorität der Bildung der Gestalten vor den statischen Gestalten dargestellt, wobei die Bildungsthese der Linie logischerweise der Linien-These vorausgeht. Die Priorität der Konstruktion kennzeichnet die produktive (bildende) Eigenschaft der produktiven Einbildungskraft. Korrespondierend sind die Linienthese und die Bildungsthese näher zu bestimmen:

52 KrV B 154. Rosefeldt, P.54.

53 „Die bildende Synthesis" bedeutet das Konstruieren. Vgl. B 271.

54 Rosefeldt nennt außerdem drei Gründe für diese Priorität. Die Konstruktion der drei Dimensionen des Raums ist unendlich. Die Gestalten auf der rechten Seite besitzen eine Extension. Die konstruktiven Gestalten sind real oder ideal. Vgl. Rosefeldt, P.54-55.

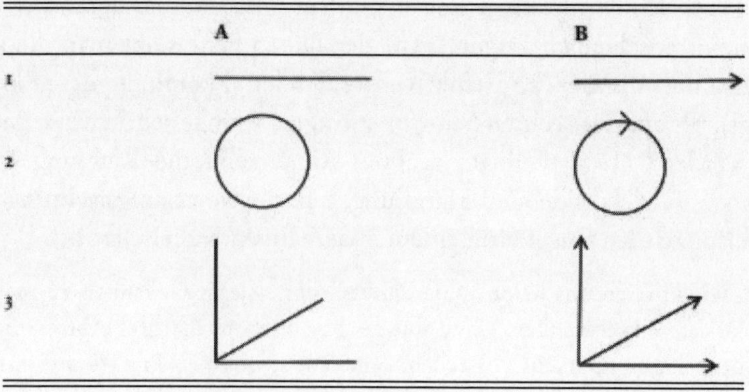

1. Kants Linienthese ist jedoch allein *unhaltbar*, weil eine bloße Linie keine ausreichende Bedingung für eine Vorstellung der zeitlichen Sukzession bilden kann. Wir müssen von der Linie, die ein Zugleichsein zeigt, auf die sukzessive Bildung der Linie rekurrieren, um eine Zeitvorstellung der Aufeinanderfolge herzustellen. So ist das Rekurrieren von einer Linie auf die Bewegung eines Punkts notwendig und somit ist die Linienthese unselbständig, weil sie von der Bildungsthese abhängt;
2. Die Bildungsthese zeigt im Kontrast dazu die spontane erzeugende oder produktive Eigenschaft der reinen Einbildungskraft, indem sie die Gestalten nach ihren Definitionen in Gedanken rein konstruiert oder realisiert. Diese reine Konstruktion der Linie stellt die Einheit der Bewegung des Punktes dar, insbesondere die synthetische Einheit der Zeitstadien der Bewegung.

Die Vorstellung der Bewegung des Punktes benötigt die Reproduktion der Einbildungskraft, weil man sich die vergangenen Anschauungen der Bewegung ins Gedächtnis zurückrufen muss. Außerdem spielt in dem Fall die produktive Einbildungskraft eine Rolle, die die Linie oder den Kreis rein (d.h. imaginativ) konstruieren kann. Die erwähnte reine produktive Einbildungskraft unterscheidet sich von der empirischen reproduktiven Einbildungskraft, obwohl die beiden zu derselben Synthesis überhaupt gehören. In der Anthropologie benennt Kant die beiden jeweils die „ursprüngliche Darstellung“ und die „abgeleitete Darstellung“, wobei die Letzte von der Ersten abhängt. Die beiden Einbildungskräfte versuche ich mit zwei Sätzen wie folgt zu erklären:

Die Einbildungskraft, „...als ein Vermögen der Anschauungen auch ohne Gegenwart des Gegenstandes, ist entweder productiv, d.i. ein Vermögen der ursprünglichen Darstellung des letzteren (exhibitio originaria), welche also vor der Erfahrung vorhergeht; oder reproductiv, der abgeleiteten (exhibitio derivativa), welche eine vorher gehabte empirische Anschauung ins Gemüth zurückbringt." (Kant AA VII, S. 167)

a) Die Reproduktion der Einbildungskraft beschreibt den Vergleich, d.h. die Unterscheidung und die Rekombination oder die Neugestaltung der relevanten empirischen Eindrücke für die Anschauung eines Gegenstandes, um die nicht mehr gegenwärtigen Erscheinungen zu repräsentieren und zu eine Anschauung hinzu imaginieren, z.B. wenn ich zu einer angeschauten Fassade eines unbekannten Hauses sein Inneres und seine Rückseite hinzuimaginiere. Die reproduktive Einbildungskraft ruft die vergangenen Anschauungen ins Gedächtnis zurück, daher ist sie eine *empirisch wiedererzeugende* Kombination. Außer den kreativen Rekombinationen der bereits gehabten Eindrücke, die meistens den empirischen Regeln z.B. einer psychischen Gewohnheit folgen, ist sie nicht in der Lage, eine reine modale Zeitfolge, wie vorhin erwähnt, unmittelbar zu vergegenwärtigen.[55]

b) Im Kontrast dazu ist die produktive Einbildungskraft *rein erzeugend* (und nicht göttlich schöpfend): sie kann dabei einen imaginativ vollkommenen geometrischen Gegenstand nach der reinen Regel eines mathematischen Begriffs[56] erzeugen. Sie ist fähig, die Gestalten nach ihren Definitionen in den reinen Anschauungen des Raums zu realisieren. So kann sie z.B. einen vollkommenen Kreis realisieren. Außerdem kann sie die fehlenden Teile eines Gegenstandes nach der reinen Regel eines mathematischen Begriffs ergänzend schaffen, um einen vollständigen oder imaginativ vollkommenen Gegenstand zu erzeugen, z.B. eine ideale gerade Linie, deren jeder Teil ganz gerade ist. Diese Synthesis der Gestalten entstammt nicht den empirischen Erscheinungen, sondern lediglich aus der Handlung des Subjektes.[57]

---

55 Die reine Zeitfolge erwerben wir mittelbar dadurch, dass wir von der Reproduktion der vergangenen Ereignisse abstrahieren,die produktive EBK hingegen hängt am Ende mit einer reinen Zeitfolge bei dem Zeitbewusstsein zusammen. Vgl. Zeitbewusstsein.

56 Kants Begriff bezieht sich auf eine Regel. Vgl. KrV A 106, B 134 Anm.

57 „Der Verstand findet als in diesem nicht etwa schon eine dergleichen Verbindung des Mannigfaltigen, sondern *bringt sie hervor,* indem er ihn affiziert." B 155 vgl. ebenfalls KrV §15.

Die reine Zeit hängt in einer raumzeitlichen Bewegung mit dem reinen Raum zusammen. Die Produktivität der Einbildungskraft, die aus der Spontaneität des Verstandes entspringt, bildet erstens allmählich die Einheit des Mannigfaltigen in einer reinen Anschauung des Raums, z.B. die Einheit einer Linie oder eines Kreises und die korrespondierende Einheit der verschiedenen Zeitphasen der sukzessiven Konstruktion. Die Synthesis der reinen Zeit dabei wird von der Einbildungskraft als eine Bewegung eines Punkts vergegenwärtigt, wobei die produktive Einbildungskraft die Einheit der imaginativen Bewegung des Punktes bildet. Mit der Bewegungsbahn des imaginativen Punktes wird nicht nur die Einheit der räumlichen Stellen, sondern auch die Einheit der Zeitstadien dargestellt; daher gilt die produktive Einbildungskraft als eine aktiv *einigende* Vergleichshandlung. Es ist festzuhalten: die Bildungsthese ist eine *hinreichende*, aber nicht notwendige Bedingung für die Linienthese; die produktive Einbildungskraft gilt dabei als eine spontane formale *Vergleichshandlung*, die eine durchlaufende differenzierende Kombination (die Synthesis) der Vorstellungen uns zeigt.

Würde diese Einheit einer gebildeten Linie die Identität der Vergleichshandlung mit der Einbildungskraft selbst zeigen? Wenn die produktive Konstruktion der geometrischen Gestalten spontan ist, dann ist sogar eine Identität der Konstruktionshandlung mit sich selbst, nämlich die Identität der produktiven Einbildungskraft mit sich selbst, anzunehmen. Die konstruktive Einbildungskraft könnte mit sich selbst identisch sein, weil sie sich als Wirkung des Verstandes auf die reine Apperzeption bezieht, wie etwa eine gezeichnete Linie auf einem Papier möglicherweise von einem und demselben Bleistift gezeichnet worden ist. Die Frage, inwiefern die Einbildungskraft hinsichtlich des transzendentalen Selbstbewusstseins (der reinen Apperzeption) mit selbst identisch ist, soll später geklärt werden. Nach der Produktivität der Einbildungskraft in der Konstruktion (Bildung) der geometrischen Gestalten wird die transzendentale Einbildungskraft erklärt, die über die Synthesis des Raums transzendiert und sich auf die transzendentale Apperzeption bezieht.

1.3 Die transzendentale Einbildungskraft und das Zeitbewusstsein

Die transzendentale Einbildungskraft gilt in der B-Deduktion als die Bestimmung der Sinnlichkeit (des inneren Sinns) durch die Apperzeption, nämlich als die „*Wirkung* des Verstandes auf die Sinnlichkeit" (B 152), sodass sie sich einerseits auf die Sinnlichkeit, andererseits auch auf den Verstand bezieht. Die Beziehungen der Einbildungskraft zu den beiden Kräften (zu der Sinnlichkeit und dem Verstand) bilden ihren Kontext: 1. Die transzendentale Einbildungskraft unterscheidet sich einerseits von der Verstandesverbindung (nämlich der intellektuellen Synthesis) und gilt als die *figürliche* Synthesis des (reinen) Mannigfaltigen in einer Anschauung, wobei die Einbildungskraft sich immer auf die Sinnlichkeit, z.B. auf die (empirischen oder reinen) geometrischen Figuren, bezieht. 2. Die transzendentale Einbildungskraft bezieht sich anderseits auf den Verstand (die Apperzeption), sie gilt dabei als eine *intellektuelle* Wirkung des Verstandes oder die „Ausübung der Spontanität" (B 153). Die transzendentale Einbildungskraft (die reine Synthesis des sinnlichen Mannigfaltigen a priori) unterscheidet sich von dem Verstand (die synthetische Einheit eines reinen Begriffs a priori) und hängt von dem Letzteren ab, weil die reine Synthesis der Einbildungskraft für eine objektive Erkenntnis immer auf der synthetischen Einheit eines Begriffs a priori basiert.[58] Nach dieser kurzen und bündigen Darstellung der Verhältnisse der Einbildungskraft zu dem Verstand und der Sinnlichkeit müssen die beiden Eigenschaften der Einbildungskraft deutlicher erklärt werden.

Im Hinsicht auf die figürliche Einbildungskraft hat Koch die transzendentale Synthesis der Einbildungskraft zunächst mit der Reproduktion der Einbildungskraft verbunden: die Transzendalität der Einbildungskraft liege vor allem darin, dass sie über eine Anschauung hinausschreiten könne, um die schon gehabten Eindrücke „kreativ" zu rekombinieren (zu reproduzieren), weil die transzendentale Einbildungskraft das Vermögen darstelle, „einen Gegenstand auch ohne dessen Gegenwart in der Anschauung vorzustellen" (B 151).[59] Das Zitat stellt die figürliche Synthesis der transzendentalen Einbildungskraft dar, die nahe an der Reproduktion der Einbildungskraft bei der A-Deduktion liegt. Die *figürliche* Synthesis der transzendentalen Einbildungskraft gliedert sich meinem Verständnis nach weiter in die Apprehension und in die Reproduktion, wobei die erstere die synthetische Handlung der (transzendentalen) Einbildungskraft in einer Anschau-

58 Vgl. B 103/ A 78, B 104/ A 79.

59 Koch, Subjekt und Natur, 2004, S. 185.

ung beschreibt, wie vorhin schon erwähnt:[60] 1. Die figürliche Synthesis der Einbildungskraft gilt zunächst als die Synthesis der Apprehension in einer Anschauung, wenn der Gegenstand gegenwärtig vor Augen ist. 2. Die figürliche Synthesis der Einbildungskraft gilt weiter als die Reproduktion, nämlich die Rekombination der Eindrücke, die zu einer Anschauung hinzuimaginiert werden können, z.B. wenn ich zu einer angeschauten Fassade eines unbekannten Hauses sein Inneres und seine Rückseite hinzuimaginiere. Diesen beiden Funktionen der Einbildungskraft stimmt Koch sicherlich zu, wenn er von dem Gegenstand spricht, der „sinnlich gegenwärtig und reproduktiv imaginiert" ist.[61] Kochs Interpretation stimme ich insofern zu, als die reproduktive Einbildungskraft so zu einem Bestandteil der transzendentalen Erkenntnistheorie wird. Die Reproduktion stellt aber lediglich die figürliche Synthesis der transzendentalen Einbildungskraft dar, die sich auf die Sinnlichkeit bezieht; darüber hinaus ist die Synthesis der transzendentale Einbildungskraft eben nach Koch „rein", sie bezieht sich eher auf die intellektuellen Kategorien des Verstandes (die sogenannte „Propositionalität").[62] Genauso verhält es sich mit dem Sinn der *reinen „transzendentalen* Synthesis" (B 151) der transzendentalen Einbildungskraft, deren Bezug zu dem Verstand statt des Bezuges zu der Sinnlichkeit dabei beachtet wird. Ich versuche die reine transzendentale Einbildungskraft analytisch näher zu erklären. Die Einbildungskraft gilt in dem Fall als eine Wirkung des Verstandes oder als eine „Ausübung der Spontanität", damit die Anschauungen regelhaft bestimmt werden.[63]

Im Kontrast zu der figürlichen Synthesis der reinen Einbildungskraft analysiere ich die reine transzendentale Einbildungskraft zunächst in Hinsicht auf ihren intellektuellen Bezug, dass die Einbildungskraft immer von dem Verstand (dem Vermögen des Begriffs) abhängt. Kant unterscheidet die „produktive" und „transzendentale" Einbildungskraft in der transzendentalen Deduktion öfter nicht deutlich genug voneinander; daher bilden die beiden Eigenschaften der reinen Einbildungskraft zunächst zwei Darstellungen desselben *reinen* Einbildungskraft (oder derselben Handlung) gegenüber der empirischen

60 Die Transzendentalität der figürlichen Synthesis der EBK ist vorhin schon bei der Reproduktion in der A-Deduktion dargestellt geworden.

61 A. Koch 2004, S. 186.

62 Ebd. S. 186–187.

63 KrV B 151.

reproduktiven EBK aus, d.i. die Rekombination der Eindrücke.[64] Dabei versuche ich die produktive EBK von der transzendentalen EBK weiter zu unterscheiden:

a) Der Unterschied der beiden taucht erst auf, wenn die mathematischen Begriffe erblickt werden: in dem Schematismus und an den anderen Stellen zu den Grundsätzen des Verstandes bezieht Kant die *produktive* Einbildungskraft und ihre „bildende Synthesis" deutlich auf die Konstruktion der geometrischen Gestalten.[65] Eine geometrische Gestalt kann man entweder empirisch bilden, z.B. konkret auf einem Papier zeichnen, oder sich rein in Gedanken einbilden. Die Erstere beschreibt den „empirischen Gebrauch" der produktiven Einbildungskraft, während die Letztere ihre reine Anwendung darstellt.[66] Die reine produktive Einbildungskraft gilt als die sogenannte „generische" Bildung[67], sie erzeugt die reinen geometrischen Gestalten überhaupt, z.B. das Dreieck überhaupt[68] oder die Linie in Gedanken, ohne sie in den konkreten Bestimmungen zu beschränken;

b) Die Einbildungskraft schreitet über alle sinnlichen geometrischen Gestalten und Figuren hinweg, um die überschreitende, nämlich die „transzendentale" Einbildungskraft zu bilden. Die produktive Einbildungskraft erzeugt reine geometrische Gestalten im Kopf durch die sukzessive spontane Konstruktion, während die transzendentale

---

64 Vgl. B 151–152. Die transzendentale EBK bezieht sich auf die reine Apperzeption, während die produktive EBK die von dem Verstand abhängige Spontaneität zeigt. Dabei ist es schwierig, die beiden voneinander zu unterscheiden. Gleiches gilt für A 123.

65 B 181/ A 142, B 205, B 271, Die „bildende Synthesis" der EBK bildet einen reinen Triangel, der als die „Form" von einem empirischen Gegenstand gilt. B 742. A 118. Die produktive EBK bezieht sich auf die Schemata der *mathematischen* Begriffe, während die transzendentale EBK sich auf die transzendentalen Schemata der *Kategorien* bezieht. Ich werde dies im folgenden Kapitel nachweisen.

66 Der „empirische Gebrauch" der produktiven Einbildungskraft produziert ein „Bild", das eine empirische, konkrete geometrische Gestalt darstellt, während die produktive EBK selbst das Verfahren (die Schemata der mathematischen Begriffe) erzeugt, womit man die mathematischen (reinen Sinnlichen) Begriffe in Gedanken konstruiert. B 181 Ak.

67 Koch 2004, S. 186.

68 Ein gezeichnetes Dreieck auf dem Papier ist entweder rechtwinklig oder stumpf oder spitzwinklig, während ein *Dreieck überhaupt* (Das Schema des Dreiecks) nur die Konstruktionsmethode aus drei Linien allgemein darstellt. Vgl. B 180/ A 141, B 205, 271, 742.

Einbildungskraft von allen Gestalten abstrahiert und nur auf die synthetische Handlung der Konstruktion „Acht" hat (B 154). Der letzte spontane synthetische Prozess oder die vergleichende Handlung bildet die „Synthesis überhaupt" (B 103) der transzendentalen Einbildungskraft, indem die Einbildungskraft das sinnliche Mannigfaltige in ein Bewusstsein, d.h. in ein Zeitbewusstsein (ein früher/später-Bewusstsein) integriert.[69] Die *transzendentale* Einbildungskraft transzendiert die reinen räumlichen Vorstellungen (die Gestalten), um zu der Zeiteinheit oder dem Zeitbewusstsein zu gelangen. Die Linienanalogie (der Zeit) der produktiven Einbildungskraft soll im weiteren näher in der Bewusstseinstheorie erklärt und rechtfertigt werden. Mithilfe der Bewusstseinstheorie wird die spontane Vergleichshandlung (die Synthesis) der produktiven Einbildungskraft von dem Zeitbewusstsein der transzendentalen Einbildungskraft gerechtfertigt.

Die beiden reinen Einbildungskräfte, die entweder produktiv oder transzendental ist, bilden zwei Betrachtungsweisen derselben imaginativen geradlinigen Bewegung des Punktes aus. Die produktive Einbildungskraft bildet die reine raumzeitliche synthetische Einheit der Bewegung, während die transzendentale Einbildungskraft sich nur auf ihre reine synthetische Zeiteinheit fokussiert. Daraus kann eine Äquivalenz der beiden Einbildungskräfte abgeleitet werden: die Linienanalogie der Zeit (die Konstruktionsthese) ist die notwendige und hinreichende Bedingung für das Zeitbewusstsein; die Produktivität (der reinen Einbildungskraft) bildet demnach die notwendige und hinreichende Bedingung für die Transzendentalität der reinen Einbildungskraft. Diese scheinbare *Äquivalenzthese*, die die Untersuchung von Prauss implizieren[70], stimmt mit den undeutlichen Bestimmungen Kants überein. Im Gegensatz dazu behaupte ich folgende These: die Linienanalogie der Zeit ist lediglich eine *notwendige*, aber keine hinreichende Bedingung für das Zeitbewusstsein, weswegen die Produktivität nur eine notwendige, nicht aber eine hinreichende Bedingung für

69 Zeitbewusstsein ist ein früher/später-Bewusstsein, das die Einheit des reinen Zeitmannigfaltigen zeigt.Die transzendentale Deduktion hängt immer mit einer reinen Erkenntnis a priori aus einer der Begriffe (Kategorien) a priori zusammen, die das Thema der metaphysischen Deduktion bilden. Demnach bezieht die *transzendentale* EBK sich auf die reine Zeiteinheit/das Zeitbewusstsein aus dem reinen „Begriff der Sukzession". B 155.

70 G. Prauss 2015, S. 175, 197. Vgl. 2.2.2.

die Transzendentalität der Einbildungskraft bildet. Die transzendentale Einbildungskraft kann allerdings am Ende die produktive Einbildungskraft mithilfe der Bewusstseinstheorie rechtfertigen. Genauso in dem Sinn gelten die beiden als zwei differenzierte Darstellungen derselben reinen Einbildungskraft. Diese Behauptung versuche ich in zwei Schritten zu beweisen, bei denen es sich jeweils um das Zeitbewusstsein und das reine Mannigfaltige der Zeit handelt.

Schematische Darstellung der Gliederung der Einbildungskraft in der Erkenntnistheorie:

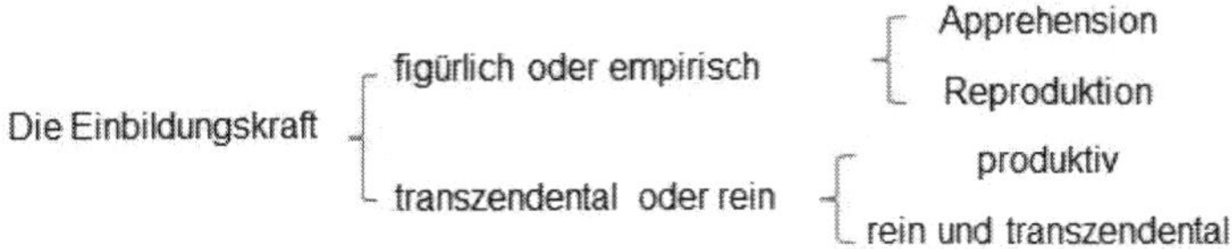

1.3.1 Das Zeitbewusstsein und die reine transzendentale Einbildungskraft

In einer raumzeitlichen Bewegung eines Objekts hängt die Zeit mit dem Raum zusammen, daher erkläre ich zunächst die Bewegung, um die reine transzendentale Einbildungskraft zu verdeutlichen. Über eine Ortveränderung eines Gegenstandes besitzen wir immer zwei Perspektiven: die reale raumzeitliche Bewegung des Objektes und eine korrespondierende Veränderung des Gemütszustands, d.i. die Veränderung des empirischen Bewusstseins über die Zustände (die Lagen) des Gegenstandes in der Zeit. Die letztere gilt als eine innere zeitliche Bewegung oder Veränderung des Subjektes. Kant unterscheidet die erste Bewegung des Objektes im Raum von der letzteren *Bewegung des Subjektes* in der Zeit in dem Zitat aus der B-Deduktion, um schließlich das Bewusstsein der Zeit zu bilden. Der Unterschied dabei lässt sich mit zwei Thesen darstellen:

> „*Bewegung,* als *Handlung des Subjektes*, nicht als Bestimmung eines Objektes, folglich die Synthesis des Mannigfaltigen im Raum, wenn wir von diesem abstrahieren und bloß auf die Handlung *Acht* haben, dadurch wir den inneren Sinn seiner Form gemäß bestimmen, und *bringt* sogar den *Begriff der Sukzession* zuerst *hervor.*" (B-Deduktion, B 155)

1. Die Bewegung eines *Objektes* im Raum bezieht sich hier auf einen realen empirischen Gegenstand, dessen Ort sich ändert: z.B. einen Köper, der sich von einem Ort A (in der Zeitstelle A) nach Ort B (in der Zeitstelle B) bewegt. Wir kombinieren die beiden Orte in einer Zeitfolge (die Zeitstelle

B folgt der Zeitstelle A), sodass der Köper sich von dem Zustand A in den Zustand B ändert. Eine raumzeitliche Bewegung des Objektes verlangt immer eine sukzessive Synthesis des räumlichen und des zeitlichen Mannigfaltigen.[71]

Unsere Anschauung einer äußeren raumzeitlichen Bewegung eines Objektes setzt immer eine innere zeitliche Bewegung des Gemützustands voraus: wenn ich mir beispielweise einer Bewegung eines Köpers von der räumlichen Stelle A nach der Stelle B bewusst bin, muss ich sowohl ein empirisches reales Bewusstsein des Zustandes A als auch ein empirisches reales Bewusstsein des Zustandes B des Köpers haben. Das empirische Bewusstsein (von A und B) oder die beiden Wahrnehmungen bilden zwei Gemützustände des Subjektes, die wechseln. D.h., mein Gemützustand oder mein empirisches Bewusstsein ändert sich in der Zeit nach der Anschauung der Bewegung.

2. Jetzt fokussieren wir uns auf die innere Bewegung. Für die „Bewegung eines Objekts im Raum"[72] vergegenwärtigen wir uns ein einfaches Modell im Gemüt: ein (imaginativer physikalischer) Punkt bewegt sich entlang einer Linie. Die sukzessive Synthesis der räumlichen Stelle des Punktes bildet eine Linie, die die Einheit einer raumzeitlichen Bewegung darstellen kann. Mithilfe der Linien-Vorstellung ist die Zeiteinheit zusammen mit der Raumeinheit (der Linie) eingebildet worden. Durch das synthetische Bewusstsein der imaginativen Bewegung des Punktes erwerben wir eine innere Bewegung, nämlich eine *innere Veränderung „des Subjektes"* in der Zeit[73]: mein Gemützustand ändert sich in der Zeit nach den faktischen Lagen des Subjektes. Wenn der imaginative Punkt einen Gemützustand (oder ein empirisches Bewusstsein) des Subjektes repräsentieren kann, dann lässt sich die Veränderung des Gemützustands durch die imaginative Ortveränderung des Punktes darstellen.

---

71 Die Bewegung von einem Ort nach dem andern gilt als eine raumzeitliche Synthesis des Mannigfaltigen (vgl. A 198–199). Die sukzessive Synthesis des Raums hat Kant hier betont (B 155 Anm.), während er die Synthesis der Zeit in der Ästhetik dargestellt hat (B 49).

72 B 155 Anm. und B 50.

73 Die Veränderung des Subjekts gilt als eine Bewegung, d.h. eine qualitative Veränderung des empirischen Bewusstseins. Vgl. B 155. „innere Veränderung des Gemüts… der Menschen…" vgl. Anthropologie, BA 16.

Die imaginative geradlinige Bewegung eines Punkts zeigt nicht nur die Synthesis der Einbildungskraft in der erwähnten Synthesis-Lehre, sondern auch die innere Veränderung des Subjekts in der Bewusstseinstheorie. Diese Veränderung des Subjekts ist nicht in erster Linie ein Korrelat der Naturphilosophie Kants, wie manche Untersuchungen es anhand des „Übergansproblems" darstellen[74], sondern bezieht sich meiner Ansicht nach zunächst auf das *Bewusstsein der Zeit* innerhalb der transzendentalen Philosophie, das dem „Zeitbewusstsein" Mohrs oder der Erklärung der reinen Anschauung der Zeit Rosefeldts nahe steht.

Das Zeitbewusstsein gilt nach Mohr als die Bedingungen, unter denen die frühere/spätere Zeit oder die modale Zeit, die aus der Vergangenheit und der Gegenwart sowie der Zukunft besteht, ins Bewusstsein gebracht wird.[75] Hingegen betrachte ich das Zeitbewusstsein nur als ein früher/später-Bewusstsein, nämlich als das Bewusstsein des sukzessiven zeitlichen Mannigfaltigen, das den „Begriff der Sukzession" (B 155) gut in diesem Kontext erklärt. Mit meiner Behauptung stimmt Rosefeldts Konklusion überein, obwohl sich seine Begründung größtenteils von meiner unterscheidet.[76] Der Unterschied zwischen den beiden Bestimmungen des Zeitbewusstsein liegt um folgenden : Erstens hat Mohr die modale Zeit für seine Begründung an verschiedenen Stellen seines Werkes deutlich benutzt, welches andeutet, dass die modale Zeit grundlegender als die sukzessive Zeit ist.[77] Im Gegensatz dazu beschreibt das reine Mannigfaltige der Zeit nach meinem Verständnis zunächst nicht die modale Zeit, sondern nur die sukzessive Zeit, d.h. die in früher oder später aufgefasste Zeit. Auf die Fragen zum reinen Mannigfaltigen der Zeit, die Mohr ignoriert hat, gehe ich im

74 Der „Übergang." Kant-Lexikon 2060–2062.

75 Mohrs These, S. 190–192. Obwohl Mohr dort keinen Text von Kant zitiert, wird sein Begriff „Zeitbewusstsein" in der Tat stark von Kants „Bewegung des Subjektes" beeinflusst. Bei der Schlussfolgerung seiner Dissertation (Mohr 1991) schreibt er: „Zwischen Identitätsbewußtsein, Zeitbewußtsein und Bewußtsein von Vorstellungspluralität besteht eine immanente Wechselbeziehung: keine der drei Bewußtseinsmomente kann ohne die beiden anderen realisiert werden."

76 „The reason is that the synthetic activity of the imagination plays two roles for the intuition of time, that of synthesizing parts to a whole and, via the awareness we have of this activity, that of presenting to us the parts as *succeeding* parts." Rosefeldt 2019, P, 65.

77 Mohr, *Das sinnliche Ich* 1991, S. 194. These, S. 190.

folgenden Abschnitt ausführlich ein. Zweitens versteht Mohr unter den Gemütszuständen, nämlich unter der sogenannten „inneren Erfahrung", sogar die Emotionen, wie z.B. „Eifersucht" oder „Angst", um den inneren Sinn von dem äußern Sinn deutlich zu unterscheiden.[78] Diese Darstellung ist unhaltbar innerhalb der Erkenntnistheorie im Blick auf Kants Kritik an dem subjektiven Idealismus und der transzendentalen Ästhetik, in der der innere Sinn im wechselseitigen Verhältnis zu dem äußeren Sinn steht. Die Vorstellungen im Gemüt beschreiben immer die Vorstellung eines äußerlichen Gegenstandes, wobei weder die moralischen und ästhetischen Gefühle noch die Emotionen eine Rolle spielen können. Kant hat eindeutig die objektiven Erkenntnisse von den Emotionen oder Gefühle unterschieden. „ [...] Gefühl der Lust und Unlust und den Willen, die gar nicht Erkenntnisse sind [...]"(B 66).

Im Kontrast dazu betrachten manche Untersuchungen die Bewegung des Subjekts in Hinsicht auf Kants Naturphilosophie. Diese empirische Richtung lässt sich von Kants Nachschriften (Opus Postumum) auslesen, dass zwischen dem Buch *metaphysischen Anfangsgründen der Naturwissenschaft* und der Physik ein „Übergang" benötigt wird. Die empirische Physik sollte nach Kant alle bewegenden Kräfte der Erscheinungen nach den Prinzipien a priori vereinigen. Es gilt als das „Übergangsproblem" Kants. Aus drei Gründen berücksichtige ich diese Fragestellung nicht: 1. Der erste Einwand ist, dass die systematische Einheit der Erscheinungen heutzutage eine Überforderung für die empirische Physik darstellt. Kant bezweifelt auch gelegentlich diese systematische Einheit der Physik, d.h. die Möglichkeit des Übergangs von der Metaphysik zu der Physik.[79] 2. Bei der Physik handelt es nicht mehr um die reine Begriffe a priori der transzendentalen Philosophie, sondern um die empirischen Begriffe der positiven Wissenschaften, die nicht mehr zur Aufgabe der transzendentalen Philosophie gehören.[80] 3. Eben wenn diese umfassende Physik wirklich existieren würde, wäre sie nahe dem Vernunftbegriff, der als ein höchs-

78 Ebd., S. 186.

79 „Es ist wirklich unmöglich empirische Vorstellungen a priori zur Einheit der Erfahrung verbunden zusammen zu stellen u. doch scheint es, daß dieses aus dem Begriff einer Physik zu der übergegangen werden soll nothwendig ist" AA: 22:455; vgl. 387.

80 Vgl. B 177/ A 138.

tes Ziel unserer Erkenntnis gilt. Sie ist aber nur Korrelat der Erkenntnistheorie und liegt selbst eigentlich außerhalb der Erkenntnistheorie.

Die Vorstellung der geradlinigen Bewegung eines Punktes stellt demnach die Veränderung des Gemütszustandes des existenzialen Subjekts (des Dasein des Subjektes) dar:[81] Mein Gemütszustand ändert sich mit meiner faktischen Lage in der Welt und ich bin mir der Veränderung bewusst, sodass das Bewusstsein der sukzessiven Veränderung des Gemütszustands, nämlich das *Zeitbewusstsein*, geformt wird. [82] Das Zeitbewusstsein gilt meinem Verständnis nach als die Einheit des reinen sukzessiven zeitlichen Mannigfaltigen, welches sich auf den sogenannten reinen „Begriff der Sukzession“ (B 155) bezieht. Diese Veränderung des Gemütszustands bezeichnet Kant in der B-Deduktion als die Veränderung „des Subjekts“(B 155) oder als eine innerliche Veränderung, die sich einerseits mit einer korrespondierenden äußerlichen Ortveränderung eines Gegenstands verbinden kann, anderseits sich doch von dieser unterscheiden. Das reine oder transzendentale Zeitbewusstsein gilt als eine reine transzendentale Synthesis des Mannigfaltigen der Zeit, die eine notwendige apriorische Bedingung aller empirischen raumzeitlichen Bewegungen bildet. Der Gedanke in der B-Deduktion, wie im Zitat gezeigt, taucht außerdem in dem Beweis der Realität der äußerlichen Welt auf, worin mein faktisches oder existenziales Sein, nämlich „mein Dasein“ in der Zeit, sich ändert.[83]

Das Zeitbewusstsein setzt notwendigerweise drei (notwendige) Bedingungen voraus, auf Grund deren es möglich ist: 1. Das Mannigfaltige im inneren Sinn. 2. Die reine Apperzeption. 3. Die reine Einbildungskraft.[84] In diesem Fall gilt die Einbildungskraft als eine transzendentale *Bestimmung des inneren Sinns,* die durch die Apperzeption

---

81 Das existenziale Sein des Subjekts beschreibt „mein Dasein in der Zeit“ (BXL), das nahe von dem traditionale „Ich-bin“ ist.

82 Über die Bewegung des Subjektes vgl. Koch, S188. Mohr These, S. 190–192.

83 BXL Anm., und „Widerlegung des Idealismus“ (A 366–380, B 274–279, B 292f.) und Anthropologie, BA 15. Dort behauptet Kant ein *anderes* Verhältnis zwischen den beiden Bewegungen: die Veränderung des Subjektes ist nur möglich, wenn ein äußerer Gegenstand sich ändert, um die Realität der äußerlichen Welt zu beweisen. Die entsprechenden Reflexionen aus den Jahren 1785–1793. laut Adickes sei, AA XVIII 305f. Anm.

84 G. Mohr 1992, S. 194–196.
Die reine EBK ist die produktive und transzendentale EBK gegenüber der empirischen Anwendung der EBK d.h. die Reproduktion oder die Apprehension.

erfolgt, wobei der innere Sinn der Einbildungskraft den bestimmbaren Inhalt liefert, während die Apperzeption die bestimmende Spontaneität oder Produktivität der reinen Einbildungskraft bietet. Die beiden bilden den Kontext der Einbildungskraft. (Diese Bestimmung des inneren Sinns durch die Einbildungskraft bildet die „Affektion" des inneren Sinns, d.i. die sogenannte Selbstaffektion des Subjektes, die Mohr und Liang schon deutlich und plausibel erklärt haben. Darauf gehe ich also nicht mehr ein.[85])

Die ersten beiden Bedingungen des Zeitbewusstseins hat bereits Mohr unter dem Einfluss von Kant deutlich dargestellt[86], hingegen bleibt die dritte Handlung der Einbildungskraft teilweise noch im Dunkeln, sie muss ergänzend verdeutlicht werden. Ich fasse die drei Bedingungen zusammen, insbesondere die Bedingung bezüglich der Einbildungskraft:

1. Das Zeitbewusstsein setzt notwendig die verschiedenen Zustände oder Vorstellungen des Subjekts voraus, die das Mannigfaltige im inneren Sinn bilden. Ohne das Mannigfaltige im Gemüt zu haben, wäre eine Veränderung von Zustande P zu dem Zustande nicht-P unmöglich: Das Zeitbewusstsein kann nicht allein aus den sukzessiven Vorstellungen im inneren Sinn (in der 1. Bedingung) abgeleitet werden, sondern bedarf zusätzlich der Bestimmung des inneren Sinns durch die Einbildungskraft. Eine Folge von Vorstellungen im inneren Sinn (im Gemüt) bildet keine einheitliche Vorstellung der Folge, sondern nur ein unbestimmtes Mannigfaltiges. Den Vorstellungen, die in der Zeitfolge untereinander unterschieden sind, fehlt noch eine Einheit (ein Beispiel für eine Auffassung, in der dieser Punkt übersehen wurde, ist Humes Zeittheorie.[87]) Es geht in dem Zeitbewusstsein nicht mehr um die reine Zeit, die vor allem das reine Zeitverhältnis der Aufeinanderfolge darstellt, sondern um das durchlaufende synthetische Bewusstsein der Zeit. Es geht nicht mehr um die Form der Anschauung, sondern um die formale Anschauung der Zeit. Das Erstere stellt das sukzessive Mannigfaltige der Zeit dar, während das

85 Mohr 1991, *Das sinnliche Ich*, S. 161–171. Liang 2017, *Bewusstsein und Selbstbewusstsein bei Kant,* S. 171–243.

86 G. Mohr 1992, S. 194–196.

87 Hume 1740, p. 37: „since [time] appears not as any primary distinct impression, [it] can plainly be nothing *but different ideas*, or impressions, or objects disposed in a certain manner, that is, succeeding each other." Mohr 1992, S. 195.

Letztere die *Einheit* des zeitlichen Mannigfaltigen, d.i. eine Zeiteinheit oder den sogenannten „Begriff der Sukzession" bildet (B 155).

2. Das Zeitbewusstsein beruht notwendig auf der synthetischen Einheit der reinen Apperzeption, ansonsten könnten wir uns weder die Einheit des Mannigfaltigen im inneren Sinn noch ein und dasselbe Subjekt, dessen Zustand sich ändern kann, vorstellen.

Die Abhängigkeit des Zeitbewusstsein von der reinen Einbildungskraft versuche ich in drei Schritten darzustellen: Die Einbildungskraft und das Mannigfaltige, die Einbildungskraft und die synthetische Einheit der Apperzeption, schließlich die beiden Funktionen der Einbildungskraft.

a) Die Synthesis der Einbildungskraft ist zunächst das Bewusstsein des (empirischen oder reinen) sinnlichen Mannigfaltigen, das einen teilbaren raumzeitlichen Komplex (das Kompositum) beschreibt. Das Bewusstsein des Mannigfaltigen als solches besitzt Rosefeldt zufolge zunächst diese beiden Bedingungen: 1. es geschieht sukzessive oder schrittweise, sodass wir uns der Teile des zeitlichen Mannigfaltigen, die aufeinander folgen, bewusst sind; diese Bedingung allein reicht aber nicht aus für das Bewusstsein des Mannigfaltigen. Ein Beispiel Kants dazu ist, wenn jemand eine bestimmte Zeitdauer lediglich sukzessive erlebt und nicht bemerkt, dann hat er die Vergangenheit, die er bereits erlebt hat, immer schon bereits vergessen (A 102). In diesem Fall wird eine weitere Bedingung benötigt. 2. Das sukzessive verbundene raumzeitliche Mannigfaltige gilt als ein Ganzes, demzufolge wir uns des Ganzen bewusst sind.[88] Die zweite Bedingung allein reicht ebenfalls nicht aus. Ein Beispiel dazu ist unsere Wahrnehmung der Milchstraße, wobei wir uns nicht dieses oder jenes Sternes, sondern nur des Ganzen bewusst sind.[89] Demnach funktionieren die beiden Bedingungen, d.i. das Bewusstsein des Teiles und das Bewusstsein des Ganzen von dem Mannigfaltigen, notwendigerweise zusammen, um das Bewusstsein des raumzeitlichen Mannigfaltigen als solches zu bilden. Die beiden Bedingungen könnten nach Rosefeldt sogar das Mannigfaltige (das zeitliche Kompositum) als solches bilden[90]; Das raumzeitliche Mannigfaltige wird in der

88 Die vorhergehende Teil einer Linie oder einer Zeitdauer im Gedanken behalten „nicht verlieren" KrV A102.

89 Vgl. Logik AA XXIX 879. Rosefeldet, P 52.

90 Rosefeldet, P 52–53 Die möglichen Bedingungen der reinen Anschauung der Zeit nach Rosefeldt sind 1.die reproduktive EBK, die die vergangenen Teile des Man-

Synthesis-Theorie zunächst als die zeitliche Mannigfaltigkeit betrachtet, weil die reine Zeit als die Anschauungsform die (sinnliche) notwendige Bedingung (also die Bedingung der Möglichkeit im kantschen Sinne) für alle sinnlichen Erscheinungen darstellt. Die beiden Bedingungen des Bewusstseins des Mannigfaltigen gelten insgesamt für das Bewusstsein der reinen Zeit, d.h. für die erwähnte Synthesis der Zeit, die die Zeit durchlaufendkombiniert. Nicht nur die Zeit-Teile, sondern auch die Zeitabfolge werden (im Ganzen) ins Bewusstsein gebracht. Die reine Einbildungskraft bringt das *Mannigfaltige* mithilfe der Synthesis der Zeit, sowohl ihrer Teile als auch ihrer Ganzen, ins Bewusstsein.

b) Mit den empirischen Anschauungen wird das sinnliche Mannigfaltige mir gegeben, das die Vorstellungen eines Gegenstandes, z.B. einer Blume, im Gemüt bildet. Die plurale Vorstellungen im Gemüt sind entweder sukzessiv oder gleichzeitig im inneren Sinn. Ich bin mir dann jeder Vorstellung des Gegenstands bewusst, daher ist jede Vorstellung nicht nur in mir, sondern ist meine Vorstellung. Ichdifferenziere und kombiniere die Vorstellungen durch die Synthesis der Einbildungskraft[91], um eine differenzierende Einheit der Vorstellungen über einen Gegenstand, nämlich die sogenannte *„synthetische Einheit"* der reinen Apperzeption[92], zu bilden. Ich verbinde z.B. die verschiedenen Farben und Gestalten miteinander und schreibe sie einer Blume zu. Abgesehen von den Inhalten der synthetischen Einheit der empirischen Vorstellungen über einen Gegenstand „erwerbe" ich in diesem Fall die formale Identität des reinen Selbstbewusstseins, d.h. die analytische Einheit der reinen Apperzeption: Ich bin mir sukzessive der Vorstellung A und der Vorstellung B bewusst. Dabei ist das reine Bewusstsein oder meine denkende Handlung – ich denke etwas (A oder B) – identisch. Die Identität des reinen oder transzendentalen Selbstbewusstseins bildet, wie erwähnt, eine notwendige Bedingung für die Identität der reinen Synthesis der Einbildungskraft, die als Wirkung des Verstands gilt.

c) Das Zeitbewusstsein hängt von der reinen Einbildungskraft ab, die entweder produktiv oder transzendental ist: (a.) Bei der imaginativen Bewegung des Punktes produziert die reine Einbildungskraft die ge-

---

nigfaltigen repräsentiert. 2. die produktive EBK bildet eine Einheit (eine Linie) des Mannigfaltigen. 3. Die kausale Einfluss bei der Richtung der Linie.

91 „ich eine zu der anderen hinzusetze" KrV B 134.

92 KrV B 133–134.

radlinige Bewegungsbahn, die eine raumzeitliche Synthesis darstellt, wobei die reine Einbildungskraft *produktiv* ist. Das Zeitbewusstsein ist ein Bewusstsein der synthetischen Einheit einer Zeitfolge (der Einheit des Mannigfaltigen), indem die produktive Einbildungskraft das Mannigfaltige der Zeit sukzessive (vergleichend) durchlaufend kombiniert und mithilfe der geradlinigen Bewegungsbahn die Zeiteinheit darstellt. (b.) Das Zeitbewusstsein hängt weiter von der transzendentalen Einbildungskraft ab, weil sie die Linie (als eine räumliche Vorstellung) überschreitet und dann nur auf die synthetische Handlung des empirischen Bewusstseins („Handlung des Subjekts" B 155) in der Zeit achtet. Diese transzendentale Achtung oder Steuerung der Aufmerksamkeit bildet das Bewusstsein der Veränderung des Subjektes in der Zeit, nämlich das Bewusstsein der sukzessiven Zeit (Zeitbewusstsein). Die produktive Einbildungskraft bildet erstens eine (raumzeitliche) geradlinige Bewegungsbahn, und dann achtet die transzendentale Einbildungskraft nur auf den Zeitprozess der Bewegung, der die Synthesis der Zeitstadien beschreibt. Die beiden Handlungen der reinen Einbildungskraft, bilden die *notwendigen Bedingungen* des Zeitbewusstseins (nämlich des Bewusstseins der Veränderung des Subjekts.)

Die drei notwendigen Bedingungen des Zeitbewusstseins (der innere Sinn, die Apperzeption, die reine Einbildungskraft) wirken notwendig zusammen, womit das Zeitbewusstsein geformt wird, weil die transzendentale Einbildungskraft dabei als die *Bestimmung* der Sinnlichkeit durch die Apperzeption (nämlich „die Wirkung des Verstandes auf die Sinnlichkeit". B 152) gilt. Die Einbildungskraft gilt als das Vermögen der Synthesis, nämlich als die erwähnte formale Vergleichshandlung, die notwendig in dem Zusammenwirkung der Sinnlichkeit und des Verstandes (der Apperzeption) liegt: Ohne das sinnliche verschiedene Mannigfaltige zu haben, hätte die Einbildungskraft nichts zu vergleichen und zu unterscheiden; ohne das Identitätsbewusstsein, d.h. die Identität der reinen Apperzeption, (die transzendentale synthetische und analytische Einheit der Apperzeption) wäre die Einbildungskraft nicht mehr fähig, die Einheit oder Identität des Mannigfaltigen synthetisch zu bilden. Die reine transzendentale Einbildungskraft unterscheidet sich zwar vom Verstand, der ein Vermögen der Begriffsbildung beschreibt, aber sie hängt doch notwendig mit ihm zusammen.[93] Die reine Einbildungskraft zeigt das Vermögen der Synthesis, während der Verstand (das Vermögen zur Begriffsbildung) die begriffliche synthetische Einheit darstellt.[94]

Es bleibt festzuhalten: Das sukzessive Bewusstsein der Zeitteile begründet die Differenzierung der Vergleichshandlung, während das Bewusstsein der Zeiteinheit die Einheit (Identität) der Vergleichshandlung bildet. Mithilfe des Zeitbewusstseins bin ich mir sowohl der Differenzierung der empirischen Vorstellungen in der Zeit als auch der synthetischen Einheit der Vorstellungen bewusst. Die vorhin erwähnte Vergleichshandlung, nämlich die Synthesis überhaupt der produktiven Einbildungskraft, die aus der Differenzierung und der Identität besteht, *beruht* notwendigerweise auf dem transzendentalen Zeitbewusstsein, dementsprechend hängt die produktive Einbildungskraft (die Vergleichshandlung) von der transzendentalen Einbildungskraft (dem Zeitbewusstsein) ab. Letztere bildet eine *hinreichende,* aber nicht notwendige Bedingung für die produktive Einbildungskraft. Das imaginative „Ziehen“ einer Linie bei der Linienanalogie der Zeit, d.i. die Bildungsthese, stellt nur eine notwendige, aber keine hinreichende Bedingung für das Zeitbewusstsein dar. Das Zeitbewusstsein begründet nicht nur die Vergleichshandlung der produktiven Einbildungskraft, sondern erklärt auch den „Begriff der Sukzession“ Kants (B 155), der im Folgenden näher erklärt werden soll.

1.3.2 Das reine Mannigfaltige der Zeit

Über die transzendentale Einbildungskraft bei der dritten Bedingung des Zeitbewusstseins gibt es eine auffällige Frage: ob die transzendentale EBK in der Lage ist, von dem empirischen Inhalt des inneren Sinns in der Zeit zu abstrahieren, um eine reine und radikal transzendentale Einbildungskraft zu bilden. Die Untersuchungen zu der Frage stimmen nicht überein und sind zweigeteilt: 1. Die bejahende Antwort von Mohr impliziert meinem Verständnis nach eine *radikal transzendentale Einbildungskraft*, die nicht nur die Linie, sondern auch alle empiri-

93 Die EBK ist für Kant „die Wirkung des Verstandes auf die Sinnlichkeit“. B 152. In der B-Deduktion.

94 B 118/ A 85–B 119 / A 87.

schen Inhalte im inneren Sinn völlig überschreiten kann, um die reine Sukzession des zeitlichen Mannigfaltigen, nämlich den sogenannten reinen „Begriff der Sukzession" (B 155) von Kant zu formen.[95] Der Begriff der Sukzession unterscheidet sich von dem reinen Zeitverhältnis der Aufeinanderfolge, das als die Form des inneren Sinn gilt, dadurch, dass er eine synthetische Einheit der Zeitfolge durch die Bestimmung der Apperzeption besitzt. Eine sukzessive Folge der Vorstellungen im Gemüt (im inneren Sinn) wird bestimmt, wenn wir uns ihrer synthetisch bewusst sind. 2. Rosefeldt kann hingegen der radikal transzendentalen Einbildungskraft nicht zustimmen, nämlich, dass sie völlig vom Inhalt des inneren Sinnes abstrahiert, denn es gibt nach ihm kein reines, nacktes („pure nacked") Bewusstsein, das gar keinen Gegenstand oder Inhalt besitzt.[96] Er behauptet: Die synthetische Handlung des sinnlichen Mannigfaltigen (nämlich der Vorstellungen) durch das Selbstbewusstseins formt zwei Sachen zugleich, ein Bewusstsein der Einheit des zeitlichen Mannigfaltigen (Zeiteinheit) als solchem wird verschafft, und ein Bewusstsein unserer eigenen synthetischen Handlung der Einbildungskraft wird ermöglicht. Wir rekurrieren notwendigerweise von der ersten Synthesis des Mannigfaltigen (von dem Ergebnis der synthetischen Handlung) auf die letzte reine synthetische Handlung. Die synthetische Handlung der Einbildungskraft in der transzendentalen Logik verlangt immer irgendwelchen Stoff, ansonsten würde man eine formale oder eine allgemeine Logik behaupten, welche von allem sinnlichen Inhalt (sogar von dem reinen Mannigfaltigen) abstrahiert und deswegen gegen Kants transzendentale Logik gerichtet ist. Die objektive Erkenntnis verlangt den Bezug auf ein Objekt.

Zu der Frage, ob es eine radikal transzendentale Einbildungskraft gibt, die über allen Inhalt des inneren Sinn transzendieren kann, muss man Kants „Mannigfaltiges der reinen Anschauung a priori" von der Zeit einführen, das Koch als das sogenannte „reine Mannigfaltige" der Zeit betrachtet.[97] Das reine Mannigfaltige der Zeit gilt als eine der theoretischen Voraussetzungen der reinen Synthesis der Einbildungskraft Kants, weil das sinnliche Mannigfaltige uns nicht nur empirisch, son-

---

95 Mohr, S. 168. „Abstrahieren wir schließlich von den Bestimmungen qua »Stoff« des inneren Sinns und betrachten lediglich den formalen Aspekt der sukzessiven Bestimmung, erhalten wir die Vorstellung der Sukzession." B 155.

96 Rosefeldt, P.63.

97 Vgl. jeweils B 102–103. Koch 2004, S. 188, 189.

dern auch a priori oder rein gegeben (gezeigt) werden kann. Diese Prämisse des reinen Mannigfaltigen der Anschauung ist zweigeteilt: in das reine Mannigfaltige des Raums, z.B. die geometrischen Gestalten, und in das fragwürdige *reine Mannigfaltige der Zeit.* Das Letztere bezieht sich sowohl auf die unklare reine Anschauung der Zeit[98] als auch auf die Problematik bezüglich der reinen Zeit selbst. Daher gilt diese möglichweise als eine der schwierigsten Fragen in der transzendentalen Philosophie. Darauf sollten wir näher einzugehen: Was bedeutet das reine Mannigfaltige der Zeit? Wie ist es möglich, das transzendentale „reine Mannigfaltige der Zeit" ohne sinnlichen Inhalt zu bilden? Sind wir fähig, das formale Mannigfaltige der Zeit in der Erkenntnistheorie zu verteidigen, wenn wir wie erwähnt eine rein modale Zeitfolge nur mithilfe der Reproduktion der empirischen Eindrücke erwerben können, wenn wir die empirischen realen Zeitbestimmungen lediglich von den empirischen Erscheinungen erwerben?[99]

Das Mannigfaltige ist zunächst dem Grimm'schen Wörterbuch nach „das individuell verschiedene innerhalb einer Verbundenheit oder zusammengehörigen Vielheit". In diesem Sinn verwendet Kant es ebenfalls.[100] Das erste Merkmal beschreibe ich mit der Verschiedenheit in einem Zusammenhang, die auf der Differenzierung der Einbildungskraft beruht. Darüber hinaus gilt das sinnliche Mannigfaltige a priori als ein unbestimmter Stoff oder Inhalt für den Verstand, der die Gedankenformen (Kategorien) beschreibt: das Mannigfaltige in der transzendentalen Logik ist logisch weder von der reinen Synthesis der Einbildungskraft noch von der synthetischen Einheit eines reinen Verstandesbegriffs (einer Kategorie) bestimmt.[101] (Hier wird der Rahmen der drei Kräfte dargestellt, die relevant für die objektive Erkenntnis sind: die Sinnlichkeit, die Einbildungskraft, der Verstand.) Hinsichtlich der zwei Eigenschaften des Mannigfaltigen, nämlich der innerlichen *Verschiedenheit* und der logischen *Unbestimmtheit*, kann man unter der reinen Mannigfaltigen der Zeit entweder die reinen früheren/späteren Zeiten oder die reine modale Zeit (Vergangenheit, Gegenwart, Zukunft) verstehen, so nach Mohr: Wir platzieren die Ereig-

98 Kant Lexikon. S. 110.

99 In der zweiten Analogie heißt es: „Denn nur an den Erscheinungen können wir diese Kontinuität im Zusammenhang der Zeiten empirischen erkennen." B 244.

100 *Wörterbuch*, Bd. 12, Sp. *1589. Kantlexikonn* S. 1458.

101 B 102–104. In §10 KrV.

nisse (E1, E2, E3, E4) in der modalen Zeit: E1 ist vergangen (E1 war), E2 ist gegenwärtig, E4 wird in der Zukunft geschehen. Die temporalen Kopulas „war - ist – wird sein" unterscheiden die Ereignisse voneinander.[102] Die frühere/spätere Zeit beschreibt beispielweise diese Aufeinanderfolge: E1 ist früher als E2, E2 ist gleichzeitig mit E3, E4 ist später als E3. So kommt das Verhältnis der beiden reinen Zeiten zum Vor-Vorschein.

Die Frage nach der reinen Zeit, unter der Kant entweder ein Nacheinander (in der Apprehension) oder eine modale Zeit (in der Reproduktion) versteht, ist schon bei der Erklärung der A-Deduktion (bei der These C) vorgestellt worden.[103] Ähnliche Fragen hat auch Mohr hinsichtlich des Zeitbewusstseins gestellt, aber noch nicht beantwortet.[104] In welcher Relation stehen die beiden Zeiten zueinander? Ob die eine von der einander abhängt, welche Zeit in dem Fall als die primäre und grundlegende des reinen zeitlich Mannigfaltigen gilt? Darauf versuche ich mithilfe der Bestimmungen des Mannigfaltigen in der Erkenntnistheorie zu antworten:

Unter dem reinen Mannigfaltigen der Zeit versteht Kant notwendig zunächst eine unbestimmte reine *Aufeinanderfolge* oder reine bestimmte Zeitfolge, die sich auf das früher/später-Verhältnis bezieht, auf Grund dessen eine modale Zeit möglich ist. In dem Fall unterscheidet Kant die beiden voneinander in der transzendentalen Logik, in der die zeitliche Aufeinanderfolge elementarer ist als die modale Zeit. Die Aufeinanderfolge bildet eine notwendige Bedingung für die modale Zeit, auf Grund deren die letztere möglich ist.

Die frühere/spätere Zeit beschreibt eine Aufeinanderfolge der Zeit (eine unbestimmte Zeitfolge), die zunächst aus einer unbestimmten Verschiedenheit der Zeiten entspringt. Diese Aufeinanderfolge beschreibe ich mithilfe der beiden Zeitverhältnisse (Gleichzeitigkeit und Aufeinanderfolge) wie folgt:

---

102 Mohr 1992, S. 191. Rohs 1987.

103 Die EBK der Apprehension unterscheidet die reine Zeit als sukzessive in der A-Deduktion, während die reproduktive EBK die reine Zeit in die Gegenwart und in die nicht gegenwärtige Vergangenheit und Zukunft unterscheidet.

104 Mohr These, S. 191. Er fragt, „in welchem Verhältnis die durch diese beiden sprachlichen Artikulationsformen [war-ist-wird, oder etwas ist früher/ gleichzeitig/ später als das andere] bezeichneten Zeiterfahrungen stehen:"

a) Eine kleinste Zeit (der Augenblick) ist mit sich selbst notwendig identisch, sodass sie nicht als in mehrere Zeiten unterschieden gelten kann. Die logische Identität eines Augenblicks begründet die formale „absolute Einheit" des Augenblicks selbst und weiter die empirische Gleichzeitigkeit von Eindrücke in ihm: zwei oder mehrere Erscheinungen schaut man in einer derselben Zeit, daher sind sie gleichzeitig.

b) Die verschiedenen Zeiten hingegen unterscheiden sich von den andern und folgen aufeinander. Sie bilden eine reine und noch *unbestimmte Aufeinanderfolge*, die als die Form des inneren Sinns (der Sinnlichkeit) gilt.[105] Die reine Differenzierung der Zeit bildet die reine zeitliche Aufeinanderfolge oder die reine sukzessive Zeit, die die Differenzierung der Eindrücke oder des Mannigfaltigen in der Zeit ermöglicht.

c) Die reine Synthesis der Apprehension kombiniert die sukzessiven Zeiten, um eine synthetische, bestimmte Zeitfolge zu bilden, worin ein Augenblick (eine kurze Zeit) mit sich selbst identisch ist, während die verschiedenen Zeiten sukzessive und synthetisch verbunden sind. Aus den beiden Zeitverhältnissen (der Gleichzeitigkeit und der Aufeinanderfolge) und der Bestimmung der reinen Apprehension ergibt sich eine *bestimmte einheitliche Zeitfolge*, die den „Begriff der Sukzession" (B 155) in diesem Kontext hinreichend erklärt. Diese synthetische Verbindung der Zeitfolge entstammt nicht der empirischen Erscheinung, sondern lediglich der Handlung des Subjektes. „Der Verstand findet als in diesem nicht etwa schon eine dergleichen Verbindung des Mannigfaltigen, sondern *bringt sie hervor*, indem er ihn [den inneren Sinn bestimmt] affiziert." (B 155 vgl. ebenfalls §15.) Diese bestimmte Zeitfolge bildet die formale Vergleichung, d.i. die differenzierte Einheit der reinen Zeit. Darauf beruht die Vergleichung der sinnlichen Eindrücke.

105 Die Form des inneren Sinns ist vor allem die reine Sukzession oder die Aufeinanderfolge der Zeit, weil die Apprehension die synthetische Handlung in einer Anschauung, nämlich im inneren Sinn, darstellt. Mohr hat das Verhältnis zwar zurecht anders interpretiert, um seine Theorie des inneren Sinns zu beweisen: Die Apprehension geschehe sukzessiv, daher sei die Form des inneren Sinns durchwegs sukzessiv. Aber seine Konklusion beruht auf meiner Konklusion, dass die produktive EBK sukzessiv geschieht, weil die Apprehension zu der Handlung der EBK gehört. Vgl. Mohr, S. 185.

Diese unbestimmte Aufeinanderfolge der Zeit (in These b.) gilt als die Form des inneren Sinns, in dem die pluralen Vorstellungen sukzessiv aufeinander folgen.[106] Hingegen bildet die bestimmte Aufeinanderfolge eine einheitliche „Zeitfolge“ mit einer begrifflichen Einheit. Die erstere bezieht sich auf eine Reihe von Eindrücken in der Zeit, z.B. die sukzessiven Farben, Gestalten und die Größe einer Blume, während die letztere den empirischen Begriff der Blume zeigt, welche die objektive Einheit aller Eindrücke (der Farbe, der Gestalten und der Größe) der Blume beschreiben kann. Wenn man die unbestimmte reine Aufeinanderfolge der Zeit, nämlich die reine sukzessive Zeit in der b-These beachtet, die das früher/später- Zeitverhältnis darstellt, dann fehlt es an den logischen Bestimmungen nicht nur von der Synthesis der Einbildungskraft als auch von einem reinen Begriff des Verstandes, d.i. von der synthetischen Einheit einer Kategorie. In dem Fall ist die Sinnlichkeit noch von dem Verstand isoliert und die Differenzierung der Einbildungskraft minimal/am geringsten getätigt, weil noch nicht die differenzierte oder synthetische Einheit der Zeit gebildet ist, sondern nur die Zeiten voneinander und in ihrer Folge unterschieden werden. Daher kann die unbestimmte *reine Aufeinanderfolge* hinsichtlich der zwei Eigenschaften des Mannigfaltigen (nämlich der innerlichen Verschiedenheit und der logischen Unbestimmtheit) als das reine Mannigfaltige betrachtet werden.

Wenn die reine (unbestimmte) Aufeinanderfolge von der Reproduktion der Einbildungskraft bestimmt wird, entfaltet sie sich als eine modale Zeit (Vergangenheit, Gegenwart, Zukunft), die zwei notwendige Bedingungen hat: 1. Die modale Zeit setzt zunächst eine empirische, bestimmte Anschauung voraus, damit man eine empirisch bestimmte Gegenwart erfassen kann. Mithilfe der empirischen Gegenwart, worin ein Gegenstand vor uns oder vor Augen anschaubar ist, unterscheidet man die Aufeinanderfolge der Zeit weiter in die gegenwärtige Zeit und die selbst nicht gegenwärtigen Zeiten (Vergangenheit und die Zukunft). Hingegen setzt die Aufeinanderfolge von früher nach später nicht die empirische Anschauung oder die empirische Gegenwart voraus. 2. Die nicht gegenwärtigen Zeiten sind dann in die Vergangenheit (die Zeit,

106 Diese Formulierung ist nahe dem Ausdruck „a bundle of Perceptions“ von Hume. Vgl. Hume P.252. 634. Das Subjekt ist „a bundle of collection of different Perceptions, which succeed each other witch an in conceivable rapidity, and are in a perpetual flux and movement.“

die früher als die Gegenwart ist) und in die Zukunft (die Zeit, die später als die Gegenwart ist) geteilt, wenn die Zeiten in einer Richtung aufeinander folgen.

Die modale Zeit verlangt die bestimmte Richtung der Zeit von der Vergangenheit zur Zukunft hin, weil ein entgegengesetzter Verlauf von der Zukunft zu der Vergangenheit nicht real vorstellbar ist.[107] Diese einzige bestimmte Richtung entspringt aus einem kausalen Einfluss, der am Ende die Bestimmung der Kategorien der Ursache und Wirkung verlangt.[108] Die synthetische Einheit der modalen Zeit verlangt weiter einen Begriff a priori. Darauf brauche ich nicht weiter einzugehen.

Die beiden notwendigen Bedingungen der modalen Zeit besagen: Ohne die reproduktive Handlung der Einbildungskraft zu haben, würden wir nicht fähig sein, die Gegenwart von den nicht gegenwärtigen Zeiten zu unterscheiden. Ohne die Richtung der Zeit zu haben, sind wir unfähig die nicht gegenwärtige Zeit in die Vergangenheit und die Zukunft zu unterscheiden. Daher gilt die reine unbestimmte modale Zeit (die empirische Zeit) lediglich als das abgeleitete oder uneigentlich reine Mannigfaltige der Zeit. Obwohl sie eine innerliche Differenzierung besitzt und an der einheitlichen Bestimmung des Begriffs mangelt, setzt sie zumindest die Handlung der reproduktiven Einbildungskraft und die kausale Bestimmung voraus. Die von der Reproduktion und von dem Verstand (bezüglich der Kausalität) bestimmte modale Zeit gilt nicht als das reine Mannigfaltige, sondern eher als eine *reine Zeit*, die von dem Inhalt in der Zeit abstrahiert ist, weil das reine Mannigfaltige nicht nur die innerliche Verschiedenheit, sondern auch die strenge Unbestimmtheit darstellt.

Es ist festzuhalten: Die reine unbestimmte Aufeinanderfolge der Zeit gilt demnach als das primäre oder *eigentliche reine Mannigfaltige* der Zeit, während die modale Zeit nicht als das reine Mannigfaltige (das

---

107 Wenn die Zeit beide Richtungen hätte, also einen in normalen zeitlichen Ablauf von der Vergangenheit zu der Zukunft (z.B. Ein Sämling in dem Garten wächst zu einer Pflanze heran), wie auch umgekehrt, könnten wir uns die entgegengesetzte unreale Richtung vorstellen, wir können das Wachstum des Sämlings filmen und dann den Film in die entgegengesetzte Richtung betrachten, dann würde die Pflanze kleiner werden und schließlich zu einem Sämling werden.

108 Rosefeldt, P, 59–60. Die Ursache löst die Wirkung aus, deshalb folgt die Zeit aufeinander.

Unbestimmte) betrachtet werden darf, sondern als eine reine Zeit. Das Zeitbewusstsein korrespondiert, wie erwähnt, dem Bewusstsein einer reinen Aufeinanderfolge, wobei ich mir sowohl der Zeitteile sukzessiv bewusst,als auch der synthetischen Zeiteinheit der zeitlichen Teile (des zeitlichen Mannigfaltigen) durch die reine Apperzeption bewusst sein kann. Das Bewusstsein der Zeitteile bildet die Grundlage für die Differenzierung der Vergleichshandlung, während das Bewusstsein der Zeiteinheit die Einheit der Vergleichshandlung bildet. Daher kann das Zeitbewusstseins der transzendentalen Einbildungskraft die Vergleichshandlung der produktiven EBK begründen. Die beiden reinen Einbildungskräfte, die entweder produktiv oder transzendental sind, bilden zwei Betrachtungsweisen derselben imaginativen geradlinigen Bewegung des Punktes.

Es lässt sich zusammenfassen, dass die reine EBK vor allem die reine Synthesis des reinen Mannigfaltigen überhaupt ist, die zunächst als eine *formale Vergleichshandlung* mithilfe der Differenzierung und der synthetischen Einheit gilt. Dies ist durch drei Schritte bewiesen geworden: 1. Die empirische Vergleichshandlung der Einbildungskraft in der A-Deduktion bei der Apprehension und bei der Reproduktion (2.1). 2. Die reine Vergleichshandlung der reinen produktiven Einbildungskraft bei der Linienanalogie der Zeit in der B-Deduktion (2.2). 3. Das Zeitbewusstsein, das schließlich die obige Vergleichshandlung der reinen Einbildungskraft rechtfertigt. (2.3).

2.2	2.3
Die produktive Einbildungskraft	Die transzendentale Einbildungskraft
Die Vergleichshandlung	Das Zeitbewusstsein

1.3.3 Das Zeitbewusstsein im Schematismus

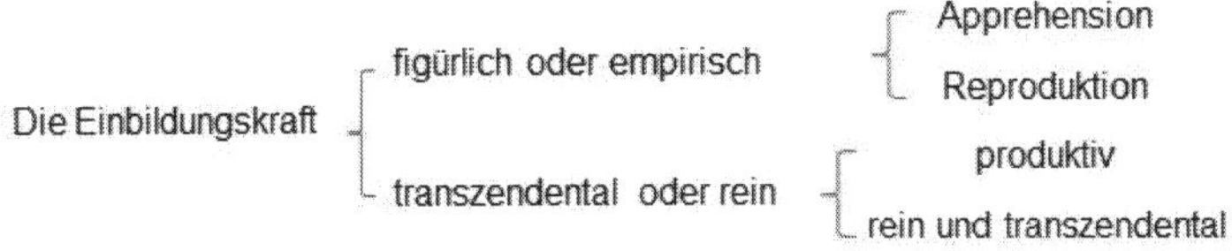

Die reproduktive Einbildungskraft zeigt uns bei der Rekombination der Eindrücke (Vorstellungen) ihre empirische kreative Eigenschaft, während die produktive EBK die geometrischen Gestalten nach den mathematischen (reinen sinnlichen) Begriffen produziert. Obwohl die empirische reproduktive EBK sich von der reinen produktiven EBK unterscheidet, können die beiden etwas Neues produzieren. Die reproduktive und die produktive EBK unterscheiden sich voneinander und hängen doch eng miteinander zusammen. Diese Verbindung der reproduktiven und produktiven EBK stellt die Einheit im Begriff der Einbildungskraft dar, die näher bestimmt werden soll.

In einer nachträglichen Anmerkung hat Kant die produktive Einbildungskraft erweitert, sodass sie nicht nur bei der reinen sinnlichen Synthesis, nämlich bei der Produktion der geometrischen Gestalten, wirkt. Die *produktive Einbildungskraft* in erweiterten Sinn in der B-Auflage zeigt eher die Synthesis überhaupt, d.h. die EBK überhaupt, die alle konkreten Gliederungen der EBK (die Apprehension, die Reproduktion, die produktive EBK im engen Sinn und die transzendentale EBK) beinhaltet. Eine ausführliche Analyse der verschiedenen Attribute der EBK hat Liangs Dissertation ebenfalls vorgenommen; im Vergleich dazu bemühe ich mich mehr um die Einheit des Begriffs der EBK.[109] Diese entscheidende Anmerkung Kants liefert uns eine plausible textuelle Unterstützung für den Begriff der EBK. Ein einheitlicher *Begriff der Einbildungskraft* ist also mithilfe der Vergleichshandlug nicht nur sachlich, sondern auch textuell fundiert.

> „Die productive Einbildungskraft ist 1. empirisch in der apprehension 2. rein aber sinnlich in Ansehung eines Gegenstandes der reinen sinnlichen Anschauung. 3. transscendental in Ansehung eines Gegenstandes überhaupt. Die erstere setzt die zweyte voraus u. die zweyte die dritte." ((NTKrV AA 23, S18)

Daraus sind zwei These abzuleiten:

1. Kant betrachtet die produktive EBK überhaupt bzw. die produktive EBK im erweiterteten Sinn als den Begriff der EBK überhaupt. Diese Tendenz findet man häufig bei der B-Deduktion und dem Schematismus, wobei die Einbildungskraft alle Schemata der Begriffe produziert.

---

109 Liang 2017, S. 218–237. S. 205–217. Bei Liang findet sich eine ausführliche Darstellung der Attribute der EBK: „1. reine/empirische Synthesis der Einbildungskraft; 2. produktive/reproduktive Synthesis der Einbildungskraft; 3. figürlich/intellektuelle Synthesis;4. transzendentale Synthesis der Einbildungskraft."

2. Die transzendentale EBK spielt die entscheidende Rolle bei der Einbildungskraft überhaupt, d.h. diese transzendentale EBK liegt der Einbildungskraft überhaupt zugrunde. Diese These erkläre ich näher mit einem Zeitbewusstsein, wie folgt.

Diese Einheit des Begriffs der EBK bzw. der produktiven EBK überhaupt versuche ich in zwei Schritten zu beweisen: (a) Die produktive EBK produziert ein Bewusstsein der Zeit (1.3.1), (b) aufgrund dessen sowohl die Schemata (die reinen Zeitbestimmungen) der mathematischen Begriffe als auch die Schemata der Kategorien möglich sind.

Die Begriffe innerhalb der Erkenntnistheorie sind in empirische Begriffe (empirische sinnliche Begriffe) und in mathematische Begriffe (die rein sinnlichen Begriffe) sowie in die Stammbegriffe des Verstandes, nämlich die Kategorien, dreigeteilt. Hier betrachten wir vor allem die mathematischen Begriffe und die Kategorien.

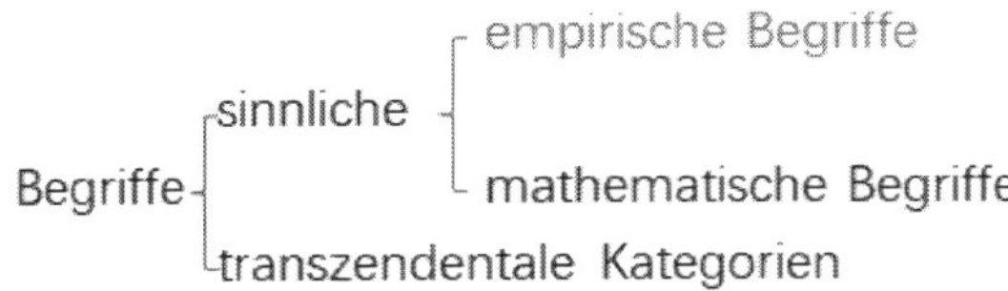

Die Schemata der Begriffe werden vor allem als ein allgemeines „*Verfahren der Einbildungskraft*“ bzw. eine Methode der Synthesis betrachtet. Über die Schemata der mathematischen Begriffe schreibt Kant:

> „Diese Vorstellung nun von einem allgemeinen *Verfahren der Einbildungskraft*, einem Begriff sein Bild zu verschaffen, nenne ich das Schema zu diesem Begriff.“ (B 180)

Die produktive EBK produziert nach Kant alle Schemata der Begriffe. Der Eröffnungssatz bei den Schemata der mathematischen Begriffe ist:

> „Das Schema ist an sich selbst jederzeit nur ein Produkt der Einbildungskraft.“ (B 179, und B 181)

Diese produktive EBK überhaupt, auf Grund deren alle Schemata möglich sind, stützt sich auf zwei Säulen:

a) Die Schemata der mathematischen Begriffe sind eine raumzeitliche Synthesis.

b) Die transzendentalen Schemata der Kategorien, die von der transzendentalen Einbildungskraft produziert werden, sind die konkreten Bestimmungen des grundlegenden Zeitbewusstseins.

a. Die sinnlichen Begriffe, die entweder empirisch oder rein sind, lassen sich in erster Linie so betrachten: 1.Ein empirischer (sinnlicher) Begriff, beispielweise „ein Hund", gehört zu der positiven Wissenschaft, also bleibt er aus der transzendentalen Philosophie ausgeschlossen;[110] 2. Die mathematischen Begriffe bzw. die reinen sinnlichen Begriffe erscheinen in zwei Arten, entweder als Gestalten in der Geometrie oder als Zahl in der Arithmetik. Nach Kant entspringt die mathematische Erkenntnis der „*Konstruktion* der Begriffe".[111] „Einen Begriff aber konstruieren, heißt: die ihm korrespondierende Anschauung a priori darstellen" (B 741). Eine Triangel lässt sich auf einem Papier zeichnen, sodass sie eine empirische Darstellung bekommt. Außerdem können wir uns eine Triangel nur in Gedanken vergegenwärtigen, um eine reine Konstruktion oder Darstellung a priori zu bilden.[112] Die Beispiele beschreiben die beiden möglichen Konstruktionen, die entweder empirisch oder rein sein können. Die beiden Konstruktionen bringen die beiden Produkte für einen mathematischen Begriff hervor: Die Triangel auf einem Papier ist ein konkretes Bild, während das konstruktive „Verfahren" oder die allgemeine „Methode" (B 179), eine Triangel im Gedanken zu zeichnen, ein sogenanntes Schema des mathematischen Begriffs ist. Das erste Bild ist eine empirische Gestalt, das letzte Schema ist rein; „so ist das Schema doch vom Bilde zu unterscheiden."[113] Die logische Allgemeinheit ist von einem mathematischen Begriff selbst über sein Schema bis hin zu seinen Bildern gesunken. Das Verfahren ist keine einzelne empirische Tätigkeit, wobei ich beispielweise fünf Punkte für die Zahl 5

110 In den positiven Wissenschaften sind die empirischen Begriffe nicht heterogen von den korrespondierenden empirischen Gegenständen, deshalb ist eine Vermittlung bzw. ein Schema unnötig: „In allen anderen Wissenschaften, wo die Begriffe, durch die der Gegenstand allgemein gedacht wird, von denen, die diesen in concreto vorstellen, wie er gegeben wird, nicht so unterschieden und heterogen sind, ist es unnötig, wegen der Anwendung des ersten auf den Letzten besondere Erörterung zu geben." B 177/ A 138

111 A 105/ B 206, B 745, 752.

112 Vgl. B 206/ A 165, B 743/ A 716. *Prolegomen*a. 50. 53. 60.

113 B 179, B 180/ A 141. Auffällig ist, dass die Bilder dem Schema oder dem Begriff sich nicht „völlig kongruieren". (B 181/ A 142).

zeichne, sondern eine allgemeine Methode, um sich ein korrespondierendes Bild für alle Zahlen zu verschaffen, um sich der „Allgemeinheit des Begriffs“ anzunähern. Diese Produktion der Bilder, nämlich das Schema eines mathematischen Begriffs ist eine allgemeine Methode bzw. ein allgemeines Verfahren, das einen Begriff sinnlich darstellt, wie etwa das Talent zum Zeichnen. Das Schema eines mathematischen Begriffs ermöglicht seine Bilder, wie etwa eine Zeichnungsmethode alle konkreten gezeichneten Bilder ermöglicht. Das Bild wird von der empirischen Anwendung der produktiven EBK produziert, während das Schema von der reinen Anwendung derselben EBK produziert wird:

> „Das Bild ist ein Produkt des empirischen Vermögens der produktiven Einbildungskraft, das Schema sinnlicher Begriffe (als der Figuren im Raume) ein Produkt und gleichsam ein Monogramm der reinen Einbildungskraft a priori...“ (B 181)

Diese „Rundung“ bzw. ein Kreis wie am Anfang des Schematismus-Kapitels dargestellt lässt sich als eine raumzeitliche Konstruktion betrachten, nämlich als ein Linienabschnitt, der sich an einem seiner Punkte dreht. Die Zahl „fünf“ beispielweise beruht notwendig auf einer sukzessiven Addition, die eine zeitliche Konstruktion darstellt, während die „Triangel“ uns eine räumliche Konstruktion mit drei Linien zeigt. Diese Konstruktion eines mathematischen Begriffs ist also entweder hauptsächlich zeitlich oder räumlich oder raumzeitlich. Diese reinen imaginativen Konstruktionen der mathematischen Begriffe im Kopf machen ihre Schemata bildlich bzw. konkret aus, nämlich „das Schema ist an sich selbst jederzeit nur ein Produkt der reinen EBK“.[114]

b. Die konkreten Bestimmungen des Zeitbewusstseins sind die transzendentalen Schemata der Kategorien. Die objektive Gültigkeit der Kategorien ist, wie Kant am Ende der B-Deduktion erwähnt hat, zweigeteilt in die transzendentale Deduktion der Kategorien und in die Grundsätze des Verstandes. Das Letztere ist die konkrete Bestimmung des Ersteren nach der Reihe der Kategorien: 1. Die Kategorien in der transzendentalen Deduktion sind objektiv gültig, sodass die Kategorien für alle Gegenstände gelten. 2. „Wie sie [die Kategorien] aber die Erfahrung möglich machen, und welche Grundsätze der Möglichkeit dersel-

114 B 179/ A 140 und „das Schema sinnlicher Begriffe [...] [ist] ein Produkt [...] der reinen EBK a priori, wodurch und wonach die Bilder allererst möglich werden, “ (B 181/ A 141).

ben...sie geben... (B 167)", wird in dem Schematismus und den Grundsätzen des Verstandes expliziert. Die Zeitkonzeption Kants ist dementsprechend in den Zeitbegriff (das Zeitbewusstsein) bei der Deduktion und in die Schemata der Kategorien, die den Zeitbegriff (das Zeitbewusstsein) konkret bestimmen, zweigeteilt:

> Das Erstere ist die Zeiteinheit oder die formale Anschauung, bei der die Sinnlichkeit von der Apperzeption allgemein bestimmt wird, während das Letztere die konkreten Bestimmungen der Sinnlichkeit (der Zeiteinheit) je nach einer Art der Kategorien sind, sodass Kant die formale Logik in die transzendentale Logik („Weltlogik" mit Gegenstandbezug)[115] umformt. Die in der formalen logischen Urteilstafel geborenen Kategorien werden die schematisierten Kategorien, die ihre Bedeutungen und (sinnlichen) Anwendungsbedingungen selbst enthalten. Der Zeitbegriff stellt eine grundlegende Vorstellung von der Zeit dar, weil alle *Schemata* der Kategorien (außer den Schemata der Modalität) aus den konkreten Bestimmungen des Zeitbegriffs, d.i. aus den konkreten Bestimmungen der formalen Anschauung, entspringen. Diese grundlegende Rolle des Zeitbewusstseins in dem Schematismus lässt sich aus beiden Bestimmungen beweisen: 1. Die Schemata der Kategorien werden vor allem als ein allgemeines „*Verfahren*" der Synthesis betrachtet (B 179,180). 2. Das Verfahren, das aus Zeitstadien besteht, muss eine sukzessive Synthesis sein; deswegen beruht jedes Schema der Kategorien auf dem Begriff der *Sukzession,* nämlich auf dem Zeitbegriff. Die transzendentalen Schemata bewirken ein sukzessives synthetisches Verfahren, das den allgemeinen Zeitbegriff konkret bestimmt.
>
> 1. Im Vergleich zu den a posteriori gelernten empirischen Begriffen sind die mathematischen Begriffe rein und a priori. Die mathematischen Begriffe oder die reinen sinnlichen Begriffe sind Bestimmungen der reinen Anschauung (des Raums oder der Zeit), die notwendig aus einer Konstruktion des Raums und der Zeit in Gedanken entspringen: Eine Triangel ist eine räumliche Konstruktion, d.h. eine Einbildung. Die Zahl zeigt uns eine zeitliche Konstruktion. Die Rundung stammt aus der raumzeitlichen Konstruktion, dass ein Liniensegment sich um einen Punkt dreht. Die Synthesis der EBK in dem Fall ist ein *Konstruktionsverfahren*, das das reine zeitliche und räumliche Mannigfaltige synthetisch verbindet. Die Konstruktion

---

115 Die transzendentale Logik bezieht sich immer auf einen empirischen Gegenstand. Sie hat immer einen „Gegenstandbezug". Koch, *Subjekt und Natur*, S?? vgl. KrV. B 80–82.

verfährt immer nach einer synthetischen Methode bzw. einem synthetischen Verfahren.

Von dieser Bestimmung der reinen Anschauungen gehen wir zu der Bestimmung der Sinnlichkeit überhaupt, nämlich der Bestimmung des sinnlich gegebenen Realen, über. Das Erste sind die mathematischen Begriffe, während das Letzte die transzendentalen Schemata der Kategorien sind. Die EBK als die Wirkung des Verstandes auf die Sinnlichkeit, ist ein „Verfahren", in welchem das sinnliche Mannigfaltige von einer synthetischen Handlung bestimmt wird. Die EBK und die von ihren produzierten Schemata der Kategorien machen ein apriorisches synthetisches Verfahren aus, im welchem die reine Zeit im Ganzen bestimmt wird. Die transzendentalen Schemata der Kategorien bilden ein *Verfahren* zur Bestimmung der Sinnlichkeit. Das tätige Verfahren der Verbindung benötigt auch kein Drittes, um zwischen dem Schema und dem Verstand und zwischen dem Schema und der Anschauung zu vermitteln. Es ist immer tätig oder „dynamisch" statt statisch, um die unendliche Zeit oder den unendlichen Raum (die Anschauungsformen) zu bilden, um alle möglichen Erfahrungen unter einer der Kategorien zu subsumieren.

2. Die Schemata der Kategorien über die objektiven Erkenntnisse sind notwendig konkrete Bestimmungen des Zeitbegriffs (des Begriffs der Sukzession). Diese Behauptung versuche ich nach der Reihe der Kategorien – außer denen der Modalität – zu begründen: Die grundlegende Zeitbestimmung ist wie beim Ziehen einer Linie der „Begriff der Sukzession", der die Einheit von unseren sukzessiven Vorstellungen zeigt. Alle Schemata der Kategorien (außer den Kategorien der Modalität) müssen eine konkrete begriffliche *Bestimmung der Sukzession* sein. Das Schema der Quantität stellt korrespondierend eine „sukzessive Addition" dar (B 182). Das Schema der Realität besitzt einen Grad, der sich sukzessiv „kontinuierlich" zu nichts oder null verringern kann. Das Schema der Kausalität ist die „Sukzession des Mannigfaltigen" nach einer notwendigen Regel (B 183). Das Schema der Substanz ist das „beharrliche Substrat", das die Grundlage der reinen Sukzession und der Gleichzeitigkeit bildet. Die erwähnten transzendentalen Schemata der objektiven Erkenntnis beruhen auf dem grundlegenden Begriff der Sukzession, nämlich auf dem Zeitbegriff.

Konklusion: 1. Die Schemata der Kategorien entspringen aus den konkreten Bestimmungen des grundlegenden Zeitbegriffs bzw. des Zeitbewusstseins, das nicht nur die Grundlage für die Schemata des mathematischen Begriffs bildet, sondern auch für die Schemata der Kategorien. 2. Diese produktive EBK im erweiterten Sinn *konkretisiert* ihre Vergleichshandlung überhaupt mithilfe der verschiedenen Schemata der Kategorien, die jeweils eine spezifische sukzessive Synthesis ermöglichen. Kants Behauptung, dass die produktive Einbildungskraft alle Schemata der Begriffe (mathematischen Begriffe und Kategorien) produzieren kann, setzt voraus, dass die Einbildungskraft überhaupt ein regelhafter einheitlicher Begriff ist.

2. Die Differenzierung der Einbildungskraft und der Verstand

2.1 Die Differenzierung der Einbildungskraft mit den Grundsätzen des Verstandes

Hier richte ich meine Aufmerksamkeit auf die Grundsätze des Verstandes, um die vergleichende Einbildungskraft, die sowohl eine differenzierende als auch eine vereinigende Eigenschaft besitzt, näher darzustellen. Die differenzierende Handlung der Einbildungskraft wird vor allem am Satz vom Widerspruch und an den mathematischen Grundsätzen dargestellt, während die synthetische Vereinigung der Einbildungskraft eng mit dem Grundsatz der Substanz, d.h. mit der sogenannten „ersten Analogie der Erfahrung", zusammenhängt.

Die Synthesis der Einbildungskraft bewirkt eine durchlaufende Kombination der Zustände eines Gegenstandes, wobei die verschieden Zustände A, B, C usw. voneinander unterschieden werden. Diese unterscheidende Handlung der Apprehension bedeutet eine Analyse der Anschauung bzw. eine Analyse des Mannigfaltigen einer Anschauung. Diese *Analyse* macht den ersten logischen Schritt der Synthesis aus, danach folgt die *Rekombination* des Mannigfaltigen als der zweite logische Schritt der Synthesis, wie etwa bei der Reparatur eines Fahrrades: das Fahrrad wird der Reihe nach in einen Haufen von Bestandenteilen auseinandergebaut (Analyse) und dann wieder zu einem kompletten Fahrrad zusammengesetzt (Rekombination). Die Analyse oder Zerlegung der Vorstellungen stelle ich in den folgenden drei anschließenden Thesen dar. Dann versuche ich, die Thesen näher zu erklären.

1. Der schon bewiesene sukzessive Charakter des Zeitbewusstseins, wie Mohr immer wieder betont, aber noch nicht anhand eines Grundsatzes nachgewiesen hat[116], entspringt m.E. vor allem aus dem

116 Der sukzessive Charakter des Zeitbewusstseins entstammt daraus, dass das Zeitbewusstsein ein Bewusstsein der sukzessiven Zeit ist (vgl. den obigen Abschnitt „Das Mannigfaltige"). Zu Mohrs Begründung vgl. Mohr 1991, S. 186. Mohr 1992, S. 183.

Satz vom Widerspruch, d.h. aus dem von Kant so genannten „obersten Grundsatz aller *analytischen* Urteile".

2. Der sukzessive Charakter des Zeitbewusstseins realisiert sich weiter durch die unendliche Teilung der Zeit nach den *mathematischen* Grundsätzen, die eine präzise Differenzierung und Rekombination der Einbildungskraft darstellt. Die mathematische Präzision basiert auf der *präzisen* differenzierenden Handlung der Einbildungskraft.

3. Der sukzessive Charakter des Zeitbewusstseins wird am Ende von den Kategorien der Ursache und Wirkung bestimmt, wie Rosefeldt kurz und bündig dargestellt hat.[117] Das führe ich am Ende des Abschnittes näher anhand der Struktur der Kategorien aus.

Die These zum sukzessiven Charakter des Zeitbewusstseins hat Mohr schon wie folgt dargestellt: Die Vorstellungen im Gemüt sind plural. Die pluralen Vorstellungen folgen notwendig nacheinander im Subjekt.

> „Unsere Apprehension des Mannigfaltigen ist jederzeit sukzessiv, und ist also immer wechselnd." (B 225, B 234)

> „Die Apprehension des Mannigfaltigen der Erscheinung ist *jederzeit sukzessiv*" (B 234/ A 189 in der zweiten Analogie.)

In einer unauffälligen, aber wichtigen Anmerkung in seiner Ästhetik sagt Kant:

> „...wir sind uns ihrer [unserer Vorstellungen] als in einer Zeitfolge... bewusst." (B 55 Anm.)

Daraus hat Mohr eine grundlegende vorstellungstheoretische These Kants erschlossen: „...dass das Bewusstsein von Vorstellungen zunächst und wesentlich das Bewusstsein von zeitlich aufeinanderfolgenden Vorstellungen ist."[118]

Eben wenn die objektiven gleichzeitigen Erscheinungen in einem Augenblick bzw. in einer kurzen Zeit erfolgen, kann man sie näher logisch sukzessiv betrachten dadurch, dass man den Augenblick weiter unterteilt. Die Apprehension des Mannigfaltigen ist jederzeit sukzessiv,

117 Rosefeldt 2019, P, 65–67.

118 Mohr 1991, S. 77.

eben wenn ihre Gegenstände gleichzeitig sind. Dafür hat Mohr eine textuelle Unterstützung in der zweiten Analogie gefunden:[119]

> „Die Vorstellungen der Teile folgen aufeinander. Ob sie sich auch im Gegenstande folgen, ist ein zweiter Punkt der Reflexion, der in dem ersteren nicht enthalten ist." (B 234/ A 189)

Eine nähere Darstellung gibt er mithilfe des Beispiels des Hauses:

> „So ist z.E. die Apprehension des Mannigfaltigen [der verschiedenen Seiten] in der Erscheinung eines Hauses, das vor mir steht, sukzessiv. Nun ist die Frage: ob das Mannigfaltige dieses Hauses selbst auch in sich sukzessiv sei, welches freilich niemand zugeben wird." (B 234/ A 189)

2.1.1 Die erste These und der oberste Grundsatz aller analytischen Urteile

Der Satz vom Widerspruch, der mit dem Zeitbewusstsein eng zusammenhängt, besitzt eine traditionelle Formulierung und eine von Kant für die transzendentale Logik modifizierte Formulierung wie folgt:

> Die traditionelle Formulierung A: „Sie heißt: Es ist unmöglich, dass etwas zugleich sei und nicht sei." (B 191)
>
> Kants Formulierung B: „Keinem Dinge [Gegenstand der Erkenntnis] kommt ein Prädikat zu, welches ihm widerspricht;" (B 190)[120]

Die originale (formale) logische Formulierung A bezieht sich unmittelbar auf die Zeit und die „Synthesis" (B 191). Kant hat sie weiter modifiziert, um einen ontologischen Satz über das Sein des Gegenstandes zu bilden. „Der Satz spricht von Dingen und ihren Eigenschaften, nicht von Begriffen"[121], weil Kants transzendentale Logik den Bezug auf sinnlichen Gegenstand berücksichtigen muss. Trotz der Differenzierung bilden die beiden Formulierungen am Ende zwei Perspektiven desselben Satzes vom Widerspruch. Diese beiden Perspektiven stellen m.E. den sukzessiven Charakter sowohl des subjektiven als auch des objektiven Zeitbewusstseins dar:

---

119 Mohr 1991, S. 186. Die Apperzeption impliziert das sukzessive Mannigfaltige im inneren Sinn.

120 Meine Interpretation des Satzes vom Widerspruch hinsichtlich der Zeit unterschiedet sich mit der Absicht Kants, weil Kant dabei deutlich behauptet, dass die transzendentale Logik über die Zeit transzendiert, die nur die sinnliche Form ist.

121 G. Seel, KA, S. 240.

Nach der Formulierung A des Satzes müssen zwei verschiedene Vorstellungen, d.h. eine Vorstellung P und die Vorstellung nicht-P, in zwei unterschiedlichen Zeiten liegen. Daraus ist direkt abzuleiten, dass die verschiedenen Vorstellungen in einem Subjekt, nämlich die verschiedenen Zustände desselben Subjektes, nicht zugleich, sondern sukzessiv erscheinen müssen. Die subjektive Zeit im Gemüt und das Bewusstsein dieser subjektiven Zeit, die von Vorstellungen erfüllt wird, sind also sukzessiv. In einer Anmerkung in seiner Ästhetik sagt Kant:

> „Ich kann zwar sagen: meine Vorstellungen folgen einander; aber das heißt nur, wir sind uns ihrer [unserer Vorstellungen], als in einer *Zeitfolge*, d.i. nach der Form des inneren Sinnes, bewußt." (B 55 Anm.)

Nach der Formulierung B des Satzes über ein Ding bzw. einen Gegenstand der Anschauung müssen zwei Eigenschaften desselben Dinges ebenfalls in zwei unterschiedlichen Zeiten liegen: „z.B. ein Mensch, der jung ist, kann nicht zugleich alt sein, eben derselbe kann aber wohl zu einer Zeit jung, zur anderen nicht jung, d.i. alt sein." (B 192). Demnach müssen die verschiedenen Eigenschaften von demselben Gegenstand ebenfalls sukzessiv sein. Diese Eigenschaften liegen in der empirischen objektiven Zeit, die sukzessiv ist, also ist das Bewusstsein der objektiven Zeit (mit dem objektiven Stoff) ebenfalls sukzessiv.

Der Satz vom Widerspruch in den beiden Formulierungen begründet also die *sukzessive* Eigenschaft des subjektiven und objektiven Zeitbewusstseins überhaupt, das von der transzendentalen Einbildungskraft produziert wird. Der Satz vom Widerspruch kann daher weiter die *differenzierende* Handlung der Einbildungskraft begründen, die eine Zeit teilt und die Zeitstadien voneinander unterscheidet. Diese Konklusion sollte näher erklärt werden: Der Satz vom Widerspruch stellt also das „völlig hinreichende Principium aller analytischen Erkenntnis" dar[122] (B 191), d.h. das Prinzip der Analyse einer Anschauung. Der erste Schritt der Synthesis überhaupt der Einbildungskraft ist die Analyse einer Anschauung: Die Synthesis der Einbildungskraft zielt vor allem (insbesondere bei der A-Deduktion) darauf, eine Anschauung oder die Synthesis einer Anschauung (d.h. die Apprehension) zu analysieren, wobei der Satz vom Widerspruch immer durchgängig einwirkt. Diese Analyse einer Anschauung zeigt die differenzierende

122 Der Satz vom Widerspruch fundiert vor allem als eine „negative Bedingung aller unserer Urteile überhaupt". B 190.

Handlung der Einbildungskraft, die durch die geradlinige Bewegung einer Kugel bildlich dargestellt werden kann.

Meine Behauptung, dass der Satz vom Widerspruch die Differenzierung der Einbildungskraft durchgängig *leitet*, liegt erstens der Interpretation Rosefeldts mithilfe der Kategorien der Kausalität zugrunde[123], weil die Kategorien der Ursache und Wirkung auf dem obersten Grundsatz aller analytischen Urteile und den mathematischen Grundsätzen beruhen. Der Satz vom Widerspruch thematisiert einen widerspruchlosen Gegenstand selbst, auf Grund dessen die Bestimmungen eines Gegenstandes, z.B. eine kausale Bestimmung nach den Relationskategorien, möglich sind. Zweitens bildet diese differenzierende und analytische Handlung weiter die sukzessive Form des inneren Sinns ab. Insofern die Zeit unterschiedliche Teile besitzt, müssen diese Zeitstadien dem Satz vom Widerspruch zufolge sukzessiv sein. Dann leuchtet die These ein, dass die Zeit die „Form des inneren Sinns" ist, wie Mohr ausgeführt hat.[124] Eine absolute, d.h. durchgängige und grundlegende Differenzierung benötigt weiter eine unendliche Teilbarkeit der Zeit, welche die Aufgabe der mathematischen Grundsätze ist.

2.1.2 Die zweite These und die Kontinuität der Größe bei den mathematischen Grundsätzen

Die mathematischen Grundsätze dienen der mathematischen Präzisierung, z.B.: Es ist heute null Grad Celsius. Die Grundsätze hängen mit den Kategorien der Quantität und Qualität zusammen. Nach der Einführung und Erklärung der Präzision, d.h. der sogenannten Kontinuität der Größe, soll die erwähnte 2. These erklärt werden: die mathematische Präzision beruht auf der Präzision der vergleichenden Handlung der Einbildungskraft.

Die Kategorien der *Quantität* (Einheit, Vielheit, Allheit) hängen mit der Zahl, d.h. mit dem sogenannten Schema der Quantität, zusammen, die eine sukzessive Addition des Gleichartigen beschreibt (B 182): Die Einheit bezieht sich auf ein aufgeteiltes Zeitstadium oder einen Zeit-Teil, während die Vielheit sich auf die verschiedenen sukzessiven

123 Rosefeldt 2019, P, 65–67.

124 Mohr 1991, *Das sinnliche Ich*, S. 190–195, 135–140, 148–153.

Zeitstadien bezieht. Mithilfe der Allheit, d.h. der Totalität, wird die Zahl der Zeitstadien (der Zeitteile) berechnet.

Bei der Zahl, d.h. bei der Anwendung der Kategorien der Quantität, geht es um den Grund der reinen Mathematik. Der Grundgedanke ist einleuchtend oder klar: die empirischen Erscheinungen, sofern wir sie empirisch anschauen, besitzen eine räumliche Gestalt und eine zeitliche Dauer, d.h. eine räumliche Ausdehnung und eine zeitliche Ausdehnung. Zu der Frage, wie groß ein Objekt ist, kann man darauf unpräzise antworten, dass das Gebäude mir sehr groß oder klein erscheint, oder dass eine Veranstaltung lang oder kurz dauert. Im Vergleich zu der unpräzisen und subjektiven Antwort verlangt die präzise Mathematik eine objektive Größe, die aus den aufgeteilten Teilen besteht, sodass die räumzeitlichen Ausdehnungen eines Gegenstandes messbar und berechenbar werden. Z.B.: Das Gebäude ist 10 Meter hoch, oder eine Veranstaltung dauert 2 Stunden. Diese objektive Größe oder Zahl beschreibt eine sogenannte „extensive Größe", bei der „die Vorstellung der Teile die Vorstellung des Ganzen möglich macht..." (B 203). Eine Linie gilt dabei als ein Aggregat, d.h. als ein Kompositum aus den kleinen Linien, die ihre Teile darstellen. Ebenso ist jede Zeit ein Aggregat aus kürzeren Zeitteilen als das Ganze. Der reine Raum und die reine Zeit sind, in anderer Formulierung, eine extensive „Mannigfaltigkeit".[125]

Das erste mathematische Prinzip oder das Prinzip über die Anwendung der Kategorien der Quantität, nämlich das sogenannte „Axiom der Anschauung", lautet: „Alle Anschauungen sind extensive Größen." (B 202) Der Beweis in der zweiten Auflage besteht den Forschungen zufolge aus drei Sätzen, die einen Syllogismus bilden.[126]

> OS: Die reine Zeit und der reine Raum sind Anschauungsformen, die allen Erscheinungen zugrunde liegen.
>
> US: Die reine Zeit gilt als eine sukzessive Addition der aufgeteilten Gleichartigen, gleiches gilt für den reinen Raum. Diese Addition wird von Kant als eine *Synthesis* oder ein Bewusstsein des reinen zeitlich Mannigfaltigen dargestellt, was mit der Synthesis-Lehre in der Deduktion zusammenhängt (A 166).

---

125 Koch 2005, S. 208.

126 Höffe, 2004, S. 175–176. Heidegger, GA 41, S. 203–206.

Schluss: Alle Erscheinungen, d.h. alle Anschauungen, die entweder rein oder empirisch sind, besitzen eine extensive Größe, weil sie durch dieselbe Synthesis (diese Addition) vorgestellt werden. Eine reine Anschauung der Zeit oder des Raums ist der Synthesis-Lehre nach unmittelbar eine extensive Größe (ein Aggregat), die messbar ist, während eine empirische Anschauung mittels der reinen Anschauungen eine extensive Größe beschreibt.

Nach der Kategorie der Quantität fokussieren wir uns auf die Anwendung der Kategorie der *Qualität.* An der graduellen Empfindung hängen die Kategorien der Qualität (Realität, Negativität, Limitation) mit dem Zeitinhalt zusammen. Eine reale Empfindung als solche beruht auf der Realität, während eine Empfindung im extremen Fall mit einem Grad von Null uns die Negativität zeigt. Ein bestimmter Grad der Empfindung als solcher zeigt uns die Limitation. Dafür hebt Kant das zweite mathematische Prinzip hervor, d.h. die sogenannten „Antizipationen der Wahrnehmung“: „In allen Erscheinungen hat das Reale, was ein Gegenstand der Empfindung ist, intensive Größe, d.i. einen [kontinuierlichen bzw. unendlich teilbaren] Grad“. (B 207)

Die Antizipation *hängt* vom Axiom ab, da die graduelle Abnahme des Grads von der kontinuierlichen Addition der extensiven Größe abhängt. Zur Extension sagt Kant: „Ich denke mir darin nur den sukzessiven Fortgang [die Addition] von einem Augenblick zum anderen, wo durch alle Teile der Zeit und deren Hinzutun eine bestimmte Zeitgröße erzeugt wird.“ (B 203). Im Gegensatz dazu thematisiert Kant bei der intensiven Größe in erster Linie eine mögliche Abnahme des Grads einer Empfindung. „Nun ist aber jede Empfindung einer Verringerung fähig, so dass sie abnehmen, und so allmählich verschwinden kann.“ (B 210). Diese Synthesis der Abnahme kann auch umgekehrt als eine Synthesis der „Steigung“ betrachtet werden, die von null oder nichts anfängt. Eine Wahrnehmung liegt dabei notwendigerweise in einer möglichen oder imaginativen Reihe, die sich von diesem Grad bis hin zu null oder nichts verringert. Jede unmittelbare Anschauung, die von einer Empfindung erfühlt wird, besitzt nach der Antizipation a priori eine mögliche Reihe, die aus verschiedenen Stärken der Empfindungen besteht.

Die mathematischen Grundsätze bestehen aus den „Axiomen der Anschauung“ (über die Anwendung der Kategorien der Quantität) und den „Antizipationen der Wahrnehmung“ (über die Anwendung der Kategorien der Qualität). Erstere thematisiert die extensive Größe (die Ausdehnung), während es in den letzteren um die intensive Größe (den Grad) geht. Danach folgt noch eine zusammenfassende Kontinuität, die die einzige Bestimmung a priori der Größe bzw. die „einzige Qualität a priori" (B 218) der Größe überhaupt, beschreibt.

> „Die Eigenschaft der Größen [...] heißt die Kontinuität derselben" (B 211/ A 170).
>
> Das heißt, „daß wir an Größen überhaupt a priori nur eine einzige Qualität, nämlich die Kontinuität ..., erkennen können." (B 218)

Die Begründung der beiden mathematischen Grundsätze gliedert sich demnach in *drei* Schritte: die extensive Größe (die Ausdehnung), die intensive Größe (den Grad), und die zusammenfassende Kontinuität der beiden Größen bzw. der „Größe überhaupt."

Mithilfe der Kontinuität, so behauptet Kant, können unsere Empfindungen sich kontinuierlich verstärken oder verringern. Gegen diese Teilbehauptung könnte man auf die diskontinuierlichen Quanten in der Quantenphysik als Einwand verweisen. Kants Annahme über die Kontinuität beschreibt nicht die physikalische Natur oder das Ding an sich: „Ich sage nicht, alle Realität hat einen Grad, ebenso wenig als, jedes Ding hat eine extensive Größe." (AA23, NTKrV, S. 30), sondern die Behauptung bezieht sich auf die reine transzendentale Zeit (die Anschauungsform) oder auf die mathematische Theorie.[127] Eine vorempirische Bestimmung der Wahrnehmung mit der Kontinuität ist immer möglich, aber ob die Kontinuität eines Gegenstandes in der Natur existiert, kann nur die Anschauung entscheiden. Auf diese *Kontinuität* von Raum und Zeit beziehen sich beide Formulierungen, wobei Kant jeweils von einem Gesichtspunkt der Teilung und der Rekombination ausgeht.

1. Die Kontinuität zeigt die mögliche, d.h. die imaginativ unendliche Teilbarkeit. Die reine Zeit und der Raum besitzen kein Teil, das ein kleinstmögliches ist, so dass wir die Zeit und den Raum immer weiter unterteilen können. „Die Eigenschaft der Größe, nach welcher an ihnen kein Teil der kleinstmögliche (kein Teil Einfache) ist, heißt die

---

127 „Die Grundsätze können niemals, als handelten sie von Dingen an sich selbst, aus bloßen Begriffen, sondern nur aus der Möglichkeit der *Wahrnehmung* der Dinge bewiesen werden." AA23, NTKrV S. 28. Die Diskussion vgl. Höffe 2004, S. 178–179. Koch, S. 209.

Kontinuität derselben." (B 211) Die Modalität der Teilung und Unterteilung ist dabei nicht wirklich, sondern lediglich imaginativ möglich; daher stützt sich diese Teilung notwendig auf die Einbildungskraft.[128]

2. Die Rekombination der geteilten verschiedenen Zeitstadien wird von einem Übergang von einem Zeitpunkt zu dem anderem beschrieben. Der Übergang oder das Zeitkontinuum beschreibt die sogenannte „fließende " Größe, „weil die Synthesis (der produktiven Einbildungskraft) in ihrer Erzeugung ein Fortgang in der Zeit ist..." (B 211). Der Fortgang oder eine Zeitausdehnung wird durch die geradlinige Bewegung einer Kugel auf einer Ebene vergegenwärtigt, wobei die verschieden Zeitstadien in einer Bewegung (d.h. in einer Zeitfolge) vereinigt werden.

Jede Teilung oder Unterteilung realisiert die analytische Differenz der sukzessiven Zeiten, die bei der Synthesis wieder in einer Zeitfolge rekombiniert werden. Die Synthesis einer Zeitfolge wird durchgeführt erstens mithilfe einer Analyse (Differenzierung) der Zeitstadien und dann mithilfe einer Rekombination (Einheit) der Zeitstadien, genauso wie die Teilung und Rekombination bei den beiden Formulierungen der Kontinuität. Daher wird die oben erwähnte *2. These* bestätigt: Die mathematische Präzision mithilfe der Größe überhaupt ist gleich der Präzision der differenzierenden Handlung der produktiven Einbildungskraft, deren unendlichen Teilung der (reinen oder empirischen objektiven) Zeit bei den mathematischen Grundsätzen den sukzessiven Charakter des Zeitbewusstseins weiter realisiert.

Diese kontinuierliche Größe überhaupt bzw. die rekombinierte Größe überhaupt bei den mathematischen Grundsätzen stellt ebenfalls den vereinigenden Charakter der Einbildungskraft dar. Die mathemati-

---

128 Die Teilung der Zeit und des Raums liegt im Subjekt, sie betrifft keine wirkliche Teilung der Welt ins Einfache, z.B. in Monade oder Atom. Das Erstere ist lediglich die mögliche Teilung unserer Form der Anschauung, nämlich die mathematischen begrifflichen Bestimmungen der sinnlichen Erscheinung, die vor allem in dem Subjekt liegen.

Das Letztere ist eine These aus den Antinomien der Vernunft, die sich mit dieser Frage beschäftigt, ob die Welt wirklich aus dem Einfachen besteht. Daher muss die Teilung hier als subjektiv oder als möglich gehalten werden, welche die Menschen sich durch die EBK im Subjekt vorstellen. Kant folgt Aristoteles insofern, dass die unendliche Teilung der Zeit nur möglich ist, aber nicht wirklich sein kann. Die extensive Größe und die intensive Größe sind nur mögliche oder imaginative Teilungen im Gegensatz zu der Wirklichkeit in der Antinomie der Vernunft.

sche Präzision mithilfe der Größe überhaupt beruht also auf der präzisen (imaginativen) vergleichenden Handlung der Einbildungskraft.

2.2 Das Problem des Augenblicks beim Zeitbewusstsein

In der Linienanalogie der Zeit geht es um ein Bewegungsmodell, in dem die imaginative geradlinige Bewegung eines physischen Punktes, d.h. ein bewegender Köper, z.B. eine gerollte Kugel, aufgezeigt wird. Mithilfe der Vorstellung der Bewegung wird eine Zeitdauer mitgegeben, die auf dem sich bewegenden Objekt beruht. Der physische Punkt wird dann mit einem ausdehnungslosen mathematischen Punkt dargestellt bzw. gezeichnet, damit wir am Ende ein physikalisch-mathematisches Modell *(ein Linien-Punkt-Modell)* bekommen. Mit dem Modell kann die quantitative Bestimmung des „Gegenstandes überhaupt“ hinsichtlich der Kategorie der Quantität dargestellt werden, nämlich dass ein Gegenstand eine raumzeitliche Ausdehnung (natürlich im Sinne der klassischen, vorrelativistischen Physik) besitzt, d. h. sowohl eine räumliche Gestalt und eine räumliche Stelle als auch eine zeitliche Dauer aufweist.

Die meisten Untersuchungen gleichen sich zwar bezüglich der imaginativen geradlinigen Bewegung eines Punkts wie bei der Linienanalogie der Zeit, aber sie stimmen nicht überein bezüglich des imaginativen Punktes. Dabei ist der Charakter des sich bewegenden Punktes umstritten: Was genau versteht Kant unter dem Punkt in dem Kontext, ist er ein Zeittteil, d.h. eine Zeitdauer, oder ein Grenzpunkt? Ist der Grenzpunkt primär oder derivativ (abgeleitet) im Verhältnis zu dem Zeitkontinuum (Zeitausdehnung) bei den mathematischen Grundsätzen? In welchem Sinn gilt er als ein Grenzpunkt? Die Frage nach dem sogenannten sich bewegenden „Punkt“ gilt dabei als eine Frage nach der Voraussetzung der Linienanalogie der Zeit. Sie ist eine *„Metafrage“* zu der Linienanalogie der Zeit: Unter dem Punkt verstehen die Untersuchungen entweder einen physikalischen Punkt, der einen bewegenden Köper vertritt, oder einen geometrischen (mathematischen) ausdehnungslosen Punkt, oder sogar einen metaphysischen Punkt mit Selbstbewusstsein, der nahe an der leibnizschen „Monade“ ist , oder als Jetzt-Punkt, der als der zeitliche Grenzpunkt zwischen der Vergangenheit und der Zukunft liegt:[129] Prauss behauptet dabei einen geometrischen Punkt, während Kaulbach an der Monade, d.h. an einen geistigen oder metaphysischen Punkt glaubt; Koch und Heidegger behaupten einen Jetzt-Punkt. Demnach gliedert sich die Diskussion über die Punktualisierung der Zeit in drei Teile. Handelt es sich um einen mathematischen Punkt oder einen metaphysischen Punkt oder einen Jetzt-Punkt? Die drei Möglichkeiten sind also

1. mathematischer Punkt
2. metaphysischer Punkt (die Monade)
3. Jetzt-Punkt

Hier versuche ich vor allem das Problem des Augenblicks, das eng mit dem Zeitkontinuum bei den mathematischen Grundsätzen zusammenhängt, zu erklären. Der Jetzt-Punkt am Ende bildet einen *Übergang* von der Differenzierung (Kapitel 2) zu der Rekombination der Einbildungskraft (Kapitel 3). Für diese Metafrage zur Linienanalogie Kants kann man erstens keine *textuelle* Unterstützung in Kants Erkenntnistheorie finden, sondern sie hängt mit seiner Metaphysik, mit der zweiten kosmologischen Antinomie über die wirklich unendliche Teilung der Zeit zusammen, daher gilt diese Fragestellung über den Zeitpunkt, besonders über den Grenzpunkt, eher als eine Kritik an der Zeittheorie Kants. Mit dem Ziehen eine Linie bezweckt Kant vor allem, die synthetische Handlung hervorzuheben, sowohl in der Deduktion als auch im Axiom der Anschauung. Hingegen schenkt Kant keine Aufmerksamkeit der von den Untersuchungen angenommenen „punktuellen Zeit", die als Grenzpunkt gilt. „...wenn wir von diesem [von der räumliche Synthesis der Linie] abstrahieren und bloß auf die *Handlung* Acht haben...bringt [dies] sogar den Begriff der Sukzession zuerst hervor." (B 155) (Hervorhebung von mir)

Zu der problematischen Metafrage hebe ich im Weiteren einige allgemeine Kritiken hervor, dann setze ich mich mit den Untersuchungen konkret auseinander. Die Kontinuität a priori bestimmt eine Zeit als

129 Leibniz unterscheidet den mathematischen Punkt, der als eine ausdehnungslose Grenze gilt, vom physischen Punkt, der eine räumliche Ausdehnung besitzt, z.B. „der Brennpunkt eines Hohlspiegels", der ausgedehnt ist. Darüber hinaus gibt es einen metaphysischen Punkt (die Monade) von Leibniz, der Grund für die punktuellen Begrenzungen und die physischen Gestalten ist. vgl. HWPh Bd. 7, S. 1712.

eine Größe überhaupt, die keinen kleinsten Teil besitzt (B 211, B 254), wo der Grenzpunkt nur derivativ oder abhängig vom Verhältnis zum zeitlichen Kontinuum ist: Ohne das zeitliche oder räumliche Kontinuum hat ein Grenzpunkt gar nichts zu begrenzen oder teilen. Die Metafrage, in welcher der Punkt Priorität besitzt, bestimmt das Verhältnis zwischen dem Kontinuum und dem Grenzpunkt umgekehrt; diese Metafrage ist nicht Exegese, sondern eher Sachargumentation, weil ich am Ende keine plausible textuelle Unterstützung bei Kant finden kann. Kant ist sich nicht klar der Metafrage bzw. der Interpretationsfrage bewusst, und hat den Jetztpunkt, der als die Grenze zwischen der Vergangenheit und der Zukunft liegt, nicht einmal in der *KrV* expliziert eingeführt. Diese Metafrage und die Antwort darauf sind nicht notwendig für die Erkenntnistheorie. Diese Untersuchungen sind m.E. auch sachlich nicht überzeugend, weil die meisten Autoren die zwei Bedeutungen des Augenblicks nicht einmal ausführlich analysieren.

Die Kontinuität von Raum und Zeit ist miteinander verbunden, daher glauben manche Forscher, dass die Linien-Analogie der Zeit die hinreichende Bedingung des Zeitbewusstseins geben könnte. Hingegen habe ich vorhin schon begründet, dass das Zeitbewusstsein eine spezifische Zusammenarbeit der drei Vermögen (Sinnlichkeit, Einbildungskraft, Verstand) voraussetzt, während die Linien-Analogie nur als das einfachste Beispiel für das Zeitbewusstsein gelten kann. Die Linien-Analogie liefert nicht eine hinreichende, sondern nur eine *notwendige* Bedingung für das Zeitbewusstsein, wie oben erläutert.

2.2.1 Die beiden Bedeutungen des Augenblicks

Die vergegenwärtigte bzw. imaginierte Bewegungsbahn eines Punktes bildet sowohl die Synthesis des reinen Raums als auch die Synthesis der reinen Zeit (die Zeiteinheit) in der transzendentalen Deduktion. Diese reinen Synthesen von Raum und Zeit formen weiter die Ausdehnungen (Extension) des Raums und der Zeit. Eine eindimensionale Ausdehnung des Raums kann die Ausdehnung (Extension) der Zeit darstellen. In dem Fall ist der mathematische ausdehnungslose räumliche Punkt mit der idealen kleinsten Zeit, nämlich mit dem *Augenblick*, verwandt, daher kommt das Verhältnis des Raums mit der Zeit in Frage. Inwiefern kann sich aber der zeitliche Augenblick von dem räumlichen Punkt unterscheiden, obwohl die beiden wirklich eine vergleichsweise

Verwandtschaft oder eine Analogie besitzen? Das Problem des Augenblicks aus der A-Deduktion soll dabei ausführlich erklärt werden.

Eine bestimmte Zeitdauer verlangt immer beide Grenzen, die sie einschränken, z.B. eine einstündige Pause dauert von 12 Uhr bis 13 Uhr, wobei die beiden Uhrzeiten als die beiden Grenzen gelten, die eine Stunde abgrenzen. Sowohl die Zeitdauer als auch ihre Grenzen beschreibt Kant mit demselben Terminus „*Augenblick*", dessen Darstellung sich in die beiden zusammenhängenden Thesen, nämlich die Zwischenzeitthese und die Grenzthese, gliedert:

1. Bei der Konstruktion der Zeitausdehnung ist der Augenblick die ideale „kleinste Zeit" oder der kleinste ausgedehnte „Zeitteil" bei der Unterteilung der Zeit.

(Axiome B 203/ A 109, vgl. auch B 209/ A 168 und m.E. A 99). Kant nennt den Augenblick auch das „Moment", d.h. den Bestandteil der Zeit.[130] Der Unterschied zwischen dem Augenblick und dem räumlichen Grenzpunkt liegt eher darin, dass der geometrische Punkt ausdehnungslos ist[131], während der Augenblick hingegen ausgedehnt ist, z.B. eben eine Sekunde oder ein Tausendstel einer Sekunde (eine Millisekunde) dauert und er dergestalt eine ausgedehnte Zeitdauer aufweist. Die dreidimensionale räumliche Ausdehnung unterscheidet sich weiter eindeutig von der eindimensionalen zeitlichen Ausdehnung bei dem Axiom (B 203–B 209). Erstere ermöglicht die geometrischen Gestalten, während Letztere die arithmetische Zahl ermöglicht.

1. Der Augenblick fungiert außerdem als ein Grenzpunkt, der nur die „Grenze" oder „Stelle" einer bestimmten Größe darstellt. (B 211/ A 170, dissertatio[132]). „Punkte und Augenblicke sind nur Grenzen, d.i. bloße Stellen ihrer Einschränkung." (B 211). Hier gelten sowohl die Augenblicke als auch die räumlichen Punkte als die Stellen oder die Grenzen der Beschränkung. Mithilfe beider zeitlichen Stellen

130 Hier nennt Kant den Augenblick als das Moment der Zeit. „Man kann also von der extensiven Größe der Erscheinungen gänzlich abstrahieren, und sich doch an der bloßen Empfindung in einem *Moment* eine Synthesis der gleichförmigen Steigung von 0 bis zu dem gegebenen empirischen Bewußtsein vorstellen." B 218

131 Der geometrische Punkt bildet insofern eine Linie, als von einem Punkt zu dem anderen eine Linie gezogen wird. Der ausdehnungslose Punkt kann also nur mithilfe der Synthesis der EBK (d.i. des Ziehens) eine Ausdehnung bilden, weil aus den statischen Massenpunkten keine Linie entsteht.

132 „Das Einfache, das in der Zeit ist, nämlich die Augenblicke, sind nicht deren Teile sondern *Grenzen*, zwischen denen eine Zeit liegt." MSI, AA,II;399.

> oder Grenzen erhalten wir eine Zeitdauer, d.i. eine Zwischenzeit, während wir mithilfe beider räumlichen Stellen eine räumliche Ausdehnung bekommen.

In der ersten These über den Augenblick geht es um die Ausdehnung der Zeit (die kleinste Zeit), während es in der zweiten These um die Grenzen einer bestimmten Zeitdauer oder Ausdehnung geht. Die Teile der Zeit oder des Raums erwerben wir nur mithilfe der Abgrenzung der unendlichen Zeit, die mindestens beide Grenzen oder beide Grenzpunkte auf der Linie benötigt; daher hängen die beiden Thesen eng miteinander zusammen. Eine Zwischenzeit (eine bestimmte Zeitdauer) verlangt immer beide Grenzen (Zeitstellen).

> „Raum und Zeit sind quanta continua [kontinuierliche Größen], weil kein Teil derselben gegeben werden kann, ohne ihn zwischen Grenzen (Punkten und Augenblicken) *einzuschließen…*“ (A 169/ B 211)

Dieser Zusammenhang versuche ich zu konkretisieren: Ein augenblicklicher Blitz dauert beispielweise knapp 50 Millisekunden, die sich von Zeitstelle A bis B erstrecken. Hier gilt die Zeitdauer des Blitzes als eine Zwischenzeit zwischen der Zeitstelle A und B. Die beiden Bestimmungen des Augenblickes stellen entweder eine ***Zwischenzeit*** (Augenblick$_1$/Augenblick$_Z$) oder einen ***Grenzpunkt*** (Augenblick$_2$/Augenblick$_G$) dar. Auf der einen Seite sind die beiden Thesen über den Augenblick kompatibel, auf der anderen Seite sind sie möglicherweise hochproblematisch. Das Problem kann zugespitzt werden mit der Formulierung: Wie verhält sich der ausgedehnte Augenblick (Zwischenzeit) zu dem unausgedehnten Augenblick (Grenzpunkt)? Diese Interpretationsfrage lautet nach Döflinger: „Mit der ins Spiel gekommenen Unausgedehntheit des Augenblicks und mit der ebenso angesprochenen Zwischenzeit zwischen Augenblicken drängt sich die Frage auf, wie sich wohl die Ausgedehntheit eines solchen Zeitteils zur Unausgedehntheit des Augenblicks verhalten mag.“[133]

In der Fragestellung Döflingers scheinen beiden Zeitbestimmungen eingeschlossen zu sein: eine davon ist ausgedehnt, die andere ist nicht ausgedehnte Grenze (Grenzpunkt). Der Augenblick ist sowohl ausgedehnt als auch nicht ausgedehnt, also selbstwidersprüchlich; da-

133 Döflinger 2018, S. 243.

her wäre der Augenblick nach ihm in sich widersprüchlich.[134] Im Gegensatz zu der scheinbaren Behauptung fungiert der Augenblick als eine Grenze bzw. als eine teilende Handlung des Verstandes, die selbst keinen Zeitteil beschreibt. Der Grenzpunkt der Zeit selbst ist keine Zeit nach Kant: „aus bloßen Stellen [Grenzen]...kann weder Raum noch Zeit Zusammengesetzt werden." (B 211/ A 170). Also lässt sich aus den beiden Bestimmungen des Augenblicks eher *kein* Widerspruch bezüglich der Zeit ableiten.

2.2.2 Über den mathematischen Punkt

Döflinger über den Augenblick$_2$ (Grenzpunkt)

Nach Döflinger hängt die Grenzpunkthese bezüglich des Augenblicks mit einer bestimmten Anschauung zusammen, weil es dann in einer Zeitstelle einen einzelnen Zustand gäbe, den wir unmittelbar sinnlich anschauen könnten.

> „Müsste sich Anschauung als unmittelbar nicht auf die einzelne *Zeitstelle* eines einzelnen Zustandes beziehen? Als einer derart in der Diskretheit einer Zeitstelle befangenen unmittelbaren Anschauung ginge ihr allerdings die Vorstellung zeitlicher Folge verloren.[135]"

Diese Behauptung ist problematisch, weil Döflinger dann noch nicht die beiden Bestimmungen des Augenblicks (d.i. die Zwischenzeit und die Grenze) unterschieden hat. Eine Anschauung bezieht sich nicht auf eine nicht ausgedehnte Zeitstelle, d.i. auf eine Grenze, sondern immer auf einen ausgedehnten Zeitteil. Die Unmittelbarkeit der Anschauung liegt darin, dass wir nur eine einzelne unendliche Zeit haben. Die verschiedenen zeitlichen Größen (subjektive Zeitdauer) sind nur die „Teile" der einzigen Zeit, weil „alle bestimmte Größe der Zeit nur durch Einschränkungen einer einigen zum Grund liegenden Zeit möglich sei" (B 48/ A 32)

Die Einschränkung der unendlichen Zeit (des Kontinuums) bildet weiter ein Zeitkontinuum, d.h. einen ausgedehnten Teil der Zeit, der

134 Döflinger 2018, S. 248. „Wie soeben von der Zeitausdehnung zu sprechen, bedarf nun der besonderen Erklärung, denn das scheint der zugleich betonten Punktualität des ursprünglichen Zeitaspekts [der Grenze] zu *widersprechen.*"

135 Döflinger 2015, 95. Prauss 2015, 44ff.

die unmittelbare Anschauung ermöglicht; eine Anschauung bezieht sich m.E. immer auf einen ausgedehnten Teil der Zeit. Dagegen wäre ein möglicher Einwand von Döflinger: diese Anschauung mit einer sukzessiven Synthesis in dem Teil der Zeit wäre nicht mehr unmittelbar. Ein Gegenbeispiel dagegen ist eine quantitativ bestimmte Anschauung, nämlich z.B., dass insgesamt zehn Personen in einem Zimmer sind.

Die Empfindungen der Anschauung sind so wie so unmittelbar gegeben, während lediglich das diskursive Denken, nämlich die zählende Tätigkeit, ein logisches Verfahren der sukzessiven Addition beschreibt. Eine empirische Anschauung in einer Zeitdauer ist nicht mehr unmittelbar oder direkt, weil lediglich die mögliche begriffliche Bestimmung der Anschauung nicht intuitiv bzw. unmittelbar, sondern diskursiv ist. Meine Behauptung gefährdet die These von der Unmittelbarkeit der Empfindungen bei einer Anschauung deswegen offensichtlich nicht.

Ein Zustand im Gemüt bezieht sich korrespondierend auch auf eine kleinste ausgedehnte Zeit, die sich von der Grenze (Zeitstelle) unterschiedet, da die Grenze der Zeit strenggenommen selbst nicht direkt wahrnehmbar ist. Eine objektive zeitliche Grenze zwischen zwei Ereignissen nehmen wir meistens indirekt dadurch wahr, dass wir die beiden unterschiedlichen realen Ereignisse wahrnehmen und voneinander unterscheiden. Gegen die diskrete Zeit, die lediglich aus den zeitlichen Grenzen besteht, argumentiert Koch m.E. zurecht wie folgt: „…wären uns atomare Sinnesdaten gegeben, so müßten diese aufgrund der kontinuierlichen Verfassung von Raum und Zeit infinitesimaler *Staub* sein; dann aber wäre uns vielmehr gar nichts gegeben, denn infinitesimaler Staub wäre eine Mannigfaltigkeit von Punkten, und Punkte sind nichts Reales, sondern nur Grenzen zwischen Realem.“[136]

Die Grenze ist dabei nur ein unselbstständiges Mittel für die Teilung der Kontinuität der Größen. Danach hat Döflinger selbst in einem anderen Aufsatz die abhängige und *derivative* Eigenschaft des räumlichen Grenzpunkts im Zusammenhang mit dem Raumkontinuum bemerkt. Wir können wohl eine Linie ohne Punkt imaginieren, während die Grenzpunkte ohne eine Linie, d.h. ohne eine eindimensionale räumliche Ausdehnung, gar nichts zu teilen hätten. Man kann unbe-

136 Koch 2004, 192.

schadet der räumlichen Ausdehnung – bei einer Linie – den Punkt wegdenken. Umgekehrt hätte der Grenzpunkt ohne die Ausdehnung nichts zu teilen, wobei er seine Funktion und seinen Sinn verlieren würde.

> „Der Raumpunkt als Teilungspunkt ist…ganz und gar unselbständig bzw. sekundär und *derivativ* im Verhältnis zum ihn umgebenden Raumkontinuum" (Döflinger 2018: 124.)

Der Augenblick, der als eine Grenze fungiert, hat in dem Fall dieselbe derivative und abhängige Eigenschaft im Verhältnis zum zeitlichen Kontinuum (der Sukzession) entgegen der Behauptung von Döflinger, dass der Augenblick (Grenzpunkt) primär im Vergleich zu der Zeitkontinuum sei: „Der Augenblick dagegen als das Punktuelle der Zeit im Verständnis unmittelbarer Präsenz. Das ist für Zeit konstitutiv und im Verhältnis zur zeitlichen Erstreckung sogar prioritär." (Döflinger 2018: 124.) Zu dieser Aussage über die Kontinuität der Zeit und des Raums hat Kant eindeutig klargestellt: 1. die Grenze, sowohl die Punkte als auch die Augenblicke, unterscheidet sich streng von einer Anschauung, nämlich von einer Zeitdauer. 2. Die Grenze hängt von einer Anschauung ab, sodass sie derivativ oder abhängig im Verhältnis zum Zeitkontinuum ist. Daher ist Döflingers Äquivalenz der zeitlichen Grenze (der Augenblick$_2$) mit einer Anschauung nicht haltbar.

> „Punkte und Augenblicke sind nur Grenzen, d.i. bloße Stellen ihrer Einschränkung; Stellen aber *setzen* jederzeit jene Anschauungen, die sie beschränken oder bestimmen sollen, *voraus*, und aus bloßen Stellen [Grenzen], als aus Bestandteilen, die noch vor dem Raume oder der Zeit gegeben werden könnten, kann weder Raum noch Zeit zusammengesetzt werden." (B 211/ A 170).

Prauss über den mathematischen Punkt

Die Theorie von Prauss, nämlich die von der sogenannten „ursprüngliche Zeit" Kants, beruht auf einem *mathematischen Punkt*. Da ein mathematischer Punkt selbst ausdehnungslos ist, nennt Prauss die Punktualität der Zeit im Vergleich zu dem dreidimensionalen Raum die „nulldimensionale" Zeit.

> „Verglichen mit dem Einfachen der punktuellen Ausdehnung von Raum als etwas Eindimensionalem oder Zweidimensionalem also ist das

schlechthin Einfache von diesem *Punkt* gerade etwas Nulldimensionales: eben eine Nichtausdehnung".[137]

Prauss hat vorausgesetzt, dass der Grenzpunkt primär im Verhältnis zu dem räumlichen oder zeitlichen Kontinuum sei, sodass der Grenzpunkt (die Zeitstelle) durch eine Bewegung oder eine Selbsterstreckung eine zeitliche Ausdehnung bilden könne. Seine fragwürdige Voraussetzung eines mathematischen Punktes gilt eher als eine heftige Kritik an Kants Erkenntnistheorie. Hingegen ist der räumliche Grenzpunkt im Zusammenhang mit dem Raumkontinuum bei Kant, wie erwähnt, lediglich abhängig und derivativ, ebenso dient der Grenzpunkt der Zeit, als eine Grenze. Diese Voraussetzung bringt auch das Problem zwischen dem Kontinuum und der Diskretion von Zeit und Raum mit sich, weil sie dem Grenzpunkt eine Priorität einräumt: diese Punktualität der Zeit selbst hängt insofern nicht mit dem Kontinuum zusammen, als sie ein *Dilemma* der Zeit hervorbringt. Hier stelle ich die Kontinuität der Zeit mit einer kontinuierlichen Linie dar. Die Unterteilung einer kontinuierlichen Linie erreicht auf der einen Seite keinen Punkt, sondern immer nur ein kontinuierliches Segment. Die statischen Massenpunkte auf der anderen Seite können zusammen niemals eine ausgedehnte Linie bilden.[138]

Prauss hat zweitens aus der unhaltbaren Punktualisierung der Zeit eine Zeitausdehnung abgeleitet: insofern eine Zeitausdehnung (ein Kontinuum) aus der Punktualität abgeleitet werden könnte, würde er die Einheit der beiden Augenblicke, d.h. Einheit der zeitlichen Grenzen, mit der Zwischenzeit begründen. Die Ausdehnung eines Punktes durch seine geradlinige Bewegung wird von ihm als die („ontologische", d.h. objektiv reale) minimale Ausdehnung betrachtet. Die Ausdehnung einer Zeitfolge entspringt nach ihm der Ausdehnung des Punktes, nämlich der „Selbstausdehnung eines Punktes", die er als die ursprüngliche Zeit betrachtet.[139]

„Die allererste als die allerminimalste Ausdehnung, die ein sich ausdehnender Punkt erstellen muß, ist danach also in der Tat die nulldimensio-

137 Prauss S. 174.

138 „Punkte und Augenblicke sind nur Grenze d.i....Stelle ....aus bloßen Stellen...kann weder Raum noch Zeit zusammengesetzt werden," B 211/ A 170.

139 Ibid. S. 181.

nale innerhalb von diesem Punkt als Ausdehnung der ursprünglichen Zeit.“[140]

Eben wenn er recht hätte, eine Zeitausdehnung des mathematischen Punktes gemäß der Zwischenzeit-These des Augenblickes zu behaupten, würde das Bild der Zeit, nämlich die Zeitfolge, wie eine Linie nur die Linienthese der Linienanalogie der Zeit beschreiben. Die Linienthese, die notwendig von der Konstruktionsthese der Linienanalogie abhängt, ist nur das einfachste Beispiel mit den geringsten Bedingungen, Ohne die Konstruktion der Linie durch die Bewegung des Punktes sind wir nicht fähig, von den gleichzeitigen räumlichen Teilen auf die sukzessiven Teile zu rekurrieren. Das Bild der Zeit selbst (die Linie) ist für Kant *keine* ausreichende Bedingung des Zeitbewusstseins. Die Theorie der nulldimensionalen Zeit von Prauss ist sowohl sachlich als auch textuell nicht fundiert, weil sie sich auf zwei nicht stabile Säulen stützt: 1. auf die Priorität des mathematischen Punktes vor dem zeitlichen Kontinuum, 2. auf die implizierte Voraussetzung, dass das Bild der Zeit eine hinreichende Bedingung für das Zeitbewusstsein sein kann. Seine Theorie, die von der Grenzthese des Augenblicks motiviert wird, ist also nicht haltbar.[141]

2.2.3 Über den metaphysischen Punkt

Kaulbachs Interpretation zur Linienanalogie der Zeit bezieht sich auf die Vorstellung von der Monade Leibniz' bzw. eines unteilbaren Einfachen. Die Interpretation stützt sich auf die Voraussetzung, dass er den geradlinig sich bewegenden Punkt bei der Linienanalogie der Zeit als eine Monade, nämlich als einen metaphysischen Punkt, betrachtet, der

140 Prauss 2015, 175, 181.

141 Die Punktualität der Zeit von Prauss wird vermutlich von der neuzeitlichen mathematisierten Naturphilosophie beeinflusst. Seit Aristoteles funktioniert der Punkt schon als „selbst unteilbares Mittel der Teilung“ (HWPh Bd. 7, S. 1711), d.i. als die Grenze in einer Bewegung, die in der Neuzeit besonders präzise analysiert wird: Galilei hat beispielweise die Fallbewegung eines Köpers als eine Reihe von Punkten, nämlich als Reihe der räumlichen Stellen und der Zeitstellen betrachtet. Er versuchte, die kontinuierliche Bewegung für die physikalische Analyse in Punkte aufzulösen, d.i. die „Punktualiserung“ der Bewegung, damit unser Verstand das Verhältnis unter den Punkten präzise aufbauen kann. HWPh Bd. 7, S. 1712.

ein Selbstbewusstsein besitzt und somit mit der Monade zusammenhängt.

> „Der so verstandene Punkt ist weder qualitativ noch quantitativ zu verstehen: er ist ein „metaphysischer Punkt“ (Leibniz). Dieser Punkt ist zugleich transzendentale Apperzeption: Selbstbewußtsein.“[142]

Diese Interpretation besteht m.E. hauptsächlich aus vier sich anschließenden Argumenten hinsichtlich des Zeitbewusstsein (des frühen/späteren Bewusstseins): die ersten beiden sind seine impliziten Voraussetzungen, während er die letzten beiden Argumente explizit behauptet.

1. Die Welt an sich besteht aus den realen Monaden, die als die grundlegenden einfachen bzw. unteilbaren Substanzen gelten.

2. Die Monade, die als ein Geistpunkt (d.h. der „metaphysischen Punkt“) gilt, hat Selbstbewusstsein.[143]

3. Die geradlinige Bewegung eines metaphysischen Punktes stellt die qualitative Veränderung des Bewusstseins dar, nämlich, ich bin mir sukzessive des Gemütszustandes A, B, C bewusst, sodass ich eine qualitative Veränderung des Gemütszustands vom Subjekt bilden kann. Diese geradlinige Bewegung des Punktes beschreibt demnach eine „Bewegung des Bewusstseins“[144], die sich möglicherweise mit der Synthesis-Lehre bzw. mit der Lehre von der Bewegung des Subjekts dort („Bewegung, als Handlung des Subjekts“ B 155), d.h. mit der synthetischen Einheit der Apperzeption vereinbaren lässt.

4. Auf Grund der apriorischen Bewegung des Bewusstseins, die eine allgemeine Synthesis a priori im Gedanken dargestellt, sind alle empirischen Bewegungen eines raumzeitlichen Objekts möglich oder begrifflich.

Die ersten beiden Argumente können aus der Perspektiv Kants so kritisiert werden:

---

142 Kaulbach 1965:150

143 Vgl. HWdP. Bd. 7. 1712.

144 Kaulbach S.146, 153, 199. S. 202: „Auch von hier aus ergibt sich noch einmal ein Blick auf drei verschiedene Seiten des Bewegungsprinzips: erstens die apriorische Bewegung des Bewußtseins, zweitens die apriorische Bewegung des reinen Substanz-‚Subjektes‘und drittens die empirische Bewegung eines wahrgenommenen bzw. empfundenen Objektes.“

1.) „Die Welt an sich besteht aus den realen Monaden." Der Satz hängt mit der These der 2. kosmologischen Antinomie zusammen, nämlich, dass die Welt an sich aus dem Einfachen (Unteilbaren) z.B. aus einer Monade besteht. „Eine jede zusammengesetzte Substanz in der Welt besteht aus einfachen Teilen..." (B 464). Diese These ist Kants Wiedergabe der Behauptung der Rationalisten, z.B. der Monadisten wie Leibniz.[145] Kants kritische Stellung zu der Behauptung ist: Wir sind nicht fähig, die Welt an sich als ein Ding an sich zu erkennen.[146] Die dogmatische Voraussetzung der Monade, der Kant *nicht* zustimmen kann, betrifft nicht mehr die Erkenntnistheorie (die transzendentale Ästhetik und Analytik), sondern den problematischen metaphysischen Teil (d.h. die transzendentale Dialektik) in der *Kritik der reinen Vernunft*.

2.) Der metaphysische Punkt (die Monade) ist vor allem eine fundamentale Substanz, die auch das transzendentale Selbstbewusstsein (die reine Apperzeption) darstellt. Diese Bestimmung führt in dem Fall dazu, dass die Apperzeption, d.h. das Subjekt, eine Substanz ist. Gegen diese Behauptung argumentiert Kant: Das Subjekt ist keine Substanz, sondern eher eine substanzielle Idee oder eine logische Funktion, die in sich alle unser empirisches Bewusstsein zu demselben Subjekt vereinigt.[147]

Die ersten beiden dogmatischen Voraussetzungen liegen somit schon außerhalb der kritischen Erkenntnistheorie Kants. Eben wenn sie in der Metaphysik bzw. in der transzendentalen Dialektik relevant für die Erkenntnistheorie sein könnten, müsste Kant sie bezweifeln. Aus den beiden unhaltbaren Voraussetzungen, nämlich den Argumenten 1. und 2., sind die beide Schlussfolgerungen (3.und 4. Argument) abzuleiten. Obwohl die beide Schlussfolgerungen m.E. kompatibel mit der Erkenntnistheorie Kants sind, betrachte ich die gesamte Begründung wegen ihrer dogmatischen Voraussetzungen als unhaltbar. Diese Behauptung, die auf dem metaphysischen Punkt (nämlich auf der Monade) basiert, ist eine *unbegründete* Überinterpretation zu dem Ziehen einer Linie bzw. zu der Konstruktionsthese (B 155) hinsichtlich der Erkenntnistheorie, obwohl seine Schlussfolgerung mit der Synthesis-Lehre dort vereinbar sein kann.

---

145 Vgl. KrV. B 467, B 470.

146 Vgl. KrV B 532.

147 Vgl. KrV. B 408. Klemme 1996, S. 216.

2.2.4 Über den Jetztpunkt

Der ausdehnungslose Grenzpunkt gehört möglicherweise zu der alten griechischen Frage des Zenon über die Teilung der Zeit.[148] Diese Darstellung des problematischen Jetzt, das als der Grenzpunkt zwischen der Zukunft und der Vergangenheit fungiert, findet man auch bei Aristotles und insbesondere bei Augustinus.[149] Die Frage über einen realen Jetzt-Punkt gehört eher zu der traditionellen Zeittheorie und spielt in Kants Erkenntnistheorie kaum eine explizite und entscheidende Rolle. Die Fragstellung stellt keine *exegetische* Frage aus der Erkenntnistheorie dar, sondern eher ein sachliches Problem in der Zeittheorie von Aristotles und Augustinus.[150]

Bei einem Argument der Kategorien der Substanz über die empirische Un-Anschaubarkeit der Zeit selbst („die Zeit kann für sich nicht wahrgenommen werden“) hat Koch das Jetzt, das als der Grenzpunkt zwischen der Zukunft und der Vergangenheit fungiert, mit dem „Augenblick“ in der A-Deduktion identifiziert. Kochs Erklärung darüber fasse ich wie folgt zusammen:

1. Der Augenblick in der A-Deduktion (in A 99) bezieht sich nach Koch auf ein Jetzt (Grenze), das als ein Grenzpunkt zwischen der Zukunft und der Vergangenheit gilt.
2. Aus diesem Grund hebt er das zweite Argument hervor: die Synthesis der Einbildungskraft verlängert den Jetztpunkt in beiden Richtungen sowohl in die Vergangenheit als auch in die Zukunft, so dass wir eine kurze Zeitdauer erhalten.

---

148 Diese Kontinuität und Diskretion des Grenzpunktes entspringt aus der Einsicht des Zenon von Elea, die von Simplikios so wiedergegeben wird: Vom ausdehnungslosen Grenzpunkt sagt er:„…wenn es zu irgend etwas anderem hinzutreten würde, so würde es dieses um nichts größer machen. Denn wenn es *keine Ausdehnung* hat und doch hinzutreten würde, kann es nichts zur Ausdehnung beitragen.“ Mansfeld, Jaap (Hrsg.) *Die Vorsokratiker II. Auswahl der Fragmente,* Übersetzung und Erläu1erungen von Jaap Mansfeld. Stuttgart. Reclam, 1986, 33.

149 Der große Zeittheoretiker Augustinus ist mit der Frage beschäftig, wie ist eine zeitliche Zeitextension, d.h. eine sogenannte „lange Zeit“ möglich ist. Augustinus, *confessions*, 11. Buch 14,17.

150 Wie die Zeit überhaupt existiert, wenn die beiden Teile Vergangenheit und die Zukunft nicht existieren. Vgl. Koch, 2005, 221. Aristotles Physik IV 10 217b32–218a8.

„Das Jetzt als der Grenzpunkt zwischen der Zukunft und der Vergangenheit muß also zu einer Gegenwart von einer bestimmten, und sei es auch kurzen, Dauer ausgedehnt werden, damit das Zugleichsein vieler angeschaut werden kann. Mit dieser Ausdehnung des zeitlichen Grenzpunktes zu einer zeitlichen Linie…", erhält das Jetzt eine (Zeit-)Dauer und damit Anschaulichkeit. (Koch, 2015, S. 221)

3. Mithilfe der kurzen Zeitdauer ist eine gleichzeitige Wahrnehmung einer Folge von Eindrücken möglich, d.h. wir betrachten die Folge der Wahrnehmungen in der kurzen Zeitdauer als eine „Wahrnehmung der Folge" von Eindrücken. (Koch, 2015, S. 221)

Die ersten zwei Argumente beschreiben, dass die Bewegung oder die Erstreckung des Jetztpunktes eine Zeitausdehnung (ein Zeitkontinuum) wie eine Linie bilden kann. Dies ist jedoch nicht ganz zutreffend. Gegen die zweite These von Koch argumentiere ich wie folgt: Bei den drei Teilungen der Synthesis-Lehre geht Kant von einer Anschauung zu einer andauernden, d.h. einer derivativen Anschauung[151] über. Er geht von der Synthesis (der Apprehension) in eine Anschauung zu der Reproduktion der Vergangenheit und sogar der Zukunft (mithilfe eines Begriffs) über. Er geht von der Synthesis einer Anschauung, die mit einer ausgedehnten Zeitdauer zusammenhängt, zu einer derivativen oder reproduktiven Anschauung über. Wenn eine Anschauung eine Sekunde dauern könnte, dann könnte eine derivative, lange Anschauung zwei oder drei Sekunden dauern. Nach der Synthesis der Apprehension in einer Anschauung folgt eine derivative Anschauung, da die reproduktive Einbildungskraft das erinnerte Vergangene und das erwartete Zukünftige anschaulich vergegenwärtigt. Dabei wird die ideale kleinste Zeit, d.h. ein Augenblick (als eine Zwischenzeit), in beide Richtungen verlängert, sodass wir mehr als in einer Anschauung anschauen können. Die Synthesis-Lehre fängt nicht mit einem Grenzpunkt oder einem Jetztpunkt an, sondern mit einer Anschauung. Der Jetztpunkt liegt also eher außerhalbe der Synthesis-Lehre und gilt nicht als eine exegetische Frage, sondern als eine Frage hinsichtlich der traditionale Zeittheorie, wie Koch dort zitiert.

Das erste Argument (Satz 1) ist ebenfalls problematisch. Das setzt voraus, dass man den Augenblick in der A-Deduktion mit dem Jetzt

151 Vgl. 1.1.2, den Abschnitt über die „derivative Anschauung" in meiner Interpretation über die A-Deduktion.

identifizieren kann. Die erste Voraussetzung (Argument 1) ist nicht haltbar innerhalb des Textes in der A-Deduktion. Dort spielt die Frage eine zentrale Rolle, wie man unbestimmte oder vor-apprehensive Zustände des sinnlichen Mannigfaltigen, erklären soll: „als in einem *Augenblick* enthalten, kann jede Vorstellung niemals etwas anderes, als absolute Einheit sein“ (A 99) Nicht nur Koch, sondern auch der prominenter Kommentar Allison hat den Augenblick mit dem Jetzt verbunden. Diese Voraussetzung ist problematisch, wie folgt:

Hinsichtlich der Grenzthese des Augenblicks in A 169–70/ B 211 zeigt Allison auf: „the crucial point is that an instant or moment (ein Augenblick) is a boundary or limit rather that a part of time, just as a point is a boundary or limit rather than a part of space.“ (Allison 2015:210). Demnach beschreibt er das unbestimmte Mannigfaltige: „since, ex hypothesi, an instant or moment is not a part of time nothing is intuited in it, including an absolute unity“. Liang kritisiert diese Interpretation zurecht: „Dieser Lesart zufolge ist in einem Augenblick also weder Mannigfaltiges noch absolute Einheit enthalten. Dies widerspricht Kants Aussage markant.“[152]. Der Grenz-Charakter des Augenblicks spiele gar keine Rolle in der Argumentationin A 99: „Andernfalls wäre gar nicht nachvollziehbar, warum Kant überhaupt über das Mannigfaltige in einem Augenblick sprechen sollte, wenn dieses gar nicht existiert.“[153] Diese Kritik an Allison betrifft auch Kochs Voraussetzung, wenn er den Augenblick (in A 99) mit dem Jetztpunkt identifiziert, weil Kant dort unter dem *Augenblick* notwendig eine Zwischenzeit versteht, die sich streng von der Grenze unterscheidet.

Eben innerhalb der Begründung des Grenzpunktes durch Koch ist diese Voraussetzung (Augenblick=Jetzt) nicht kohärent mit seiner anderen These, dass der Grenzpunkt selbst nicht wahrnehmbar sei: „…Punkte sind nichts Reales, sondern nur Grenzen zwischen Realem.“[154] Wenn der Grenzpunkt nur als eine teilende Handlung im Gemüt existiert, aber selbst nicht anschaubar ist, wie ist dann eine Einheit der Vorstellungen bzw. eine Einheit des sinnlichen Mannigfaltigen in einem Grenzpunkt vorzustellen?

---

152 Liang 2017, S. 197.

153 Ebid.

154 Koch 2004, S. 192.

Die Unmöglichkeit des Jetztpunktes (des Augenblicks$_G$) kann man weiter an der Hauptidee der dritten Analogie erkennen, wobei die Gleichzeitigkeit auf den Kategorien der Wechselwirkung beruht. Die objektive Gleichzeitigkeit der Erscheinungen besagt, dass sie in ein- und derselben Zeit, d.h. in ein- und demselben ausgedehnten Augenblick liegen. Die Identität des Augenblickes mit sich selbst wird näher als eine Gleichgültigkeit der beiden Reihfolgen bestimmt: die Reihenfolge der Erscheinungen von A über B bis C ist gleich gültig mit der umgekehrten sukzessiven Reihenfolge von C über B bis A. Es ist unmöglich zu glauben, dass eine Folge der Erscheinungen in einem derivativen Augenblick, d.h. in einem Grenzpunkt (Augenblick$_G$) liegen würde. Kant hat hier eindeutig gezeigt, dass eine Folge der Erscheinung sich in einer ausgedehnten „Zeit" befinden muss.

> „Dinge sind zugleich, so fern sie in einer und derselben *Zeit* existieren. Woran erkennt man aber: daß sie in einer und derselben Zeit sind? Wenn die Ordnung in der Synthesis der Apprehension dieses Mannigfaltigen gleich gültig ist, d.i. von A durch B, C, D auf E oder auch umgekehrt von E zu A gehen kann." (A 211/ B 258)[155]

Die Konstruktion einer Linie, d.h. die Konstruktion einer Bewegungsbahn mit einer einzelnen bestimmten Richtung beruht nicht auf einem Grenzpunkt, z.B. dem Jetzt, sondern vor allem auf einem sich bewegenden physischen Punkt, z.B. einer Kugel, wie vorhin erwähnt. Das Ziehen einer Linie setzt vor allem einen sich bewegenden physischen Punkt voraus, den wir mit einem mathematischen Punkt beschreiben. Dieses physikalisch-mathematische Modell besagt, dass eine Linie *nicht* einen Grenzpunkt (weder den mathematischen Punkt, noch den Jetzt-Punkt), sondern einen realen /physischen sich bewegenden Punkt voraussetzt. Ein teilender Grenzpunkt wird nicht von der Einbildungskraft produziert oder gesetzt. Er ist eher eine teilende Handlung im Gemüt kraft des Verstandes bzw. mithilfe der mathematischen Kategorien (Quantität und Qualität). Diese teilende Handlung (Grenzpunkt) konkretisiert sich jeweils in einer empirischen Anschauung, z.B. indem wir eine zwei Sekunden dauernde Anschauung mit zwei Zeitstellen (Grenzen) begrenzen.

155 Diese Beweisidee bleibt in der B-Auflage der dritten Analogie unverändert: „Zugleich sind Dinge, wenn in der empirischen Anschauung die Wahrnehmung des einen auf die Wahrnehmung des anderen wechselseitig folgen kann..." (B 256–257)

Der imaginative Grenzpunkt auf einem Zeitkontinuum, d.h. einer Aufeinanderfolge der Zeit, ist im gewissen Maß *selbstwidersprüchlich*: Auf einer Seite kann er per Definition das Kontinuum teilen, auf der anderen Seite muss er die beiden geteilten Teile noch zu einem Kontinuum verbinden, ansonsten würden wir viele diskrete Zeiten anstatt einer einzigen Zeit bekommen. Der Grenzpunkt muss demnach einen „Übergangscharakter“ zwischen den beiden geteilten Teilen besitzen. Das Jetzt, das als eine Grenze zwischen der Vergangenheit und der Zukunft gilt, muss einen Übergang oder eine Brücke zwischen den beiden bilden können. Das Jetzt muss sowohl die Vergangenheit von der Zukunft teilen, als auch die Erstere mit der Letzteren verbinden. Der Übergangproblem des Jetztpunktes bildet sogar die Kern-frage der Interpretation bei Kaulbach und sogar in Heideggers Erklärungen zu Kant.[156] Hingegen thematisiert Kant in seiner Synthesis-Lehre (A 99 und B 203/ A 109, B 209 / A 168) vor allem die ausgedehnte ideell kleinste Zeit, die als der eigentliche und primäre ausgedehnte Augenblick fungiert. Im Verhältnis damit ist die Grenze (Augenblick als Grenze) derivativ oder abhängig, da ohne eine Ausdehnung (ein Kontinuum) die Grenze nichts teilen oder begrenzen könnte. Das Jetzt, das als eine Grenze der Zeit fungiert, ist also weder textuell noch sachlich haltbar.

2.2.5 Modifikation des Jetzt-Modells

Hinsichtlich der Dunkelheit bezüglich des Augenblicks soll im folgenden versucht werden Kochs oder das traditionale Jetzt-Modell zu modifizieren, damit eine Zwischenfolgerung gezogen werden kann. Der erste und der zweite Satz von Koch (s.o.) werden umgeschrieben in folgende *eindimensionale These* der Zeit:

1. Die Eindimensionalität der Zeit: Die reproduktive Einbildungskraft verlängert eine ausgedehnte *Gegenwart,* d.h. den eigentlichen Augenblick, in beide Richtungen, sowohl nach früher als auch nach später, sodass man eine ausgedehnte Zeit, die aus mehreren Augenbli-

156 Kaulbach 1965, S. 147–152., Heidegger GA24, S. 350. „…das Jetzt ist aufgrund des *Übergehens* des Bewegten immer ein anderes, d.h. ein Fortgang von einem Ort zum anderen.“

cken besteht, und also eine lange oder derivative Anschauung erwerben kann.

2. Jetztpunkt-These: Für die Unterscheidung der verschiedenen objektiven Zeiten braucht man einen Grenzpunkt, d.h. einen realen Jetztpunkt (der Augenblick als Grenze, z.B. Jetzt ist es 12 Uhr), um die Vergangenheit von der Zukunft zu teilen. Dabei betrachten die Menschen häufig die beiden Grenzpunkte einer sehr kurzen Gegenwart als einen Grenzpunkt, z.B. die eine Sekunde lange Gegenwart (bzw. eine Ausdehnung von gerade 12 Uhr bis eine Sekunde nach 12 Uhr) wird im Verhältnis mit einer Stunde als ein Grenzpunkt betrachtet. Der Geburtstag gilt beispielweise häufig als eine „Grenze" zwischen beiden Jahren für uns, weil ein Tag eine kleinere Stufe der Größe ist als ein Jahr, das etwa 365 Tage zählt. Auf Grund des alltäglichen wirklichen „Grenzpunktes"[157] ist eine objektive modale Zeit (Vergangenheit, Jetzt, Zukunft) möglich.

Die obigen beiden Thesen thematisieren das Verhältnis zwischen einer Anschauung und der derivativen (langen) Anschauung, die von der reproduktiven Einbildungskraft ermöglicht wird; daher kann die reproduktive und sogar die aktive produktive Einbildungskraft hier nur eine Gegenwart statt eines Jetzt erstellen. Die erwähnte 2. These Kochs über den Jetztpunkt, dass die Einbildungskraft einen Jetztpunkt nach beiden Richtungen verlängert, wird aus den folgenden *Gründen* modifiziert:

a) Die Reproduktion ist bei der Synthesis-Lehre (der A-Deduktion) immer empirisch. Sie benötigt notwendigerweise die empirischen *Merkmale* in einer empirischen Anschauung, die die Reproduktion wie einen Trigger veranlassen, um sich etwas Ähnliches in der Vergangenheit und in der Zukunft vorzustellen. Ich schaue beispielweise eine gegenwärtige Fassade einer Bibliothek an, dann rufe ich meine ähnliche Erfahrung einer anderen Bibliothek ins Gedächtnis zurück. Hingegen kann das Jetzt, nämlich die zeitliche Grenze, uns gar keinen empirischen Gehalt oder solche Merkmale liefern.

b) Die Einbildungskraft beschreibt eine Vergleichshandlung (Synthesis) der ausgedehnten Zeit und des Gehaltes in der Zeit. Im Grenzpunkt gibt es weder empirischen noch reinen Gehalt oder Daten zu teilen und zu rekombinieren. Der Grenzpunkt gilt als eine teilende Hand-

157 Auch eine Sekunde oder sogar eine tausendstel Sekunde bzw. eine Millisekunde, beschreibt natürlich noch eine Ausdehnung.

> lung, die lediglich eine rein logische Bestimmung des *Verstandes* darstellt. Es ist also hingegen sehr schwierig sich vorzustellen, dass die reine Einbildungskraft eine rein logische Manipulation des Teilens durchführt, weil dieses von der Grundbestimmung der Einbildungskraft, d.h. von der „Synthesis überhaupt“, abweicht. Dieses ist nicht nur sachlich, sondern auch textuell bei der A-Deduktion und anderen Stellen innerhalb der Erkenntnistheorie unhaltbar.

Der eindimensionalen These der Zeit zufolge wird erstens eine Anschauung zu einer langen, derivativen Anschauung verlängert, wobei eine kurze, aber ausgedehnte Gegenwart zu einer langen Zeit verlängert wird, und dann betrachtet man die relativ kurze Gegenwart als den „Grenzpunkt“, d.h. als den Jetztpunkt. Am Ende ist es festzustellen, dass der Augenblick als eine Grenze gar keine Zeit beschreibt, sondern nur eine teilende Handlung des Verstandes. Der *eigentliche* und primäre *Augenblick* beschreibt eine ausgedehnte kurze Zeit oder Zwischenzeit. Die obige Punktualisierung des Augenblicks mithilfe des mathematischen, des metaphysischen und des Jetzt- Punktes ist in Kants Erkenntnistheorie weder textuell noch sachlich haltbar. Diese Schlussfolgerung bestätigt wieder die These, dass die Linienanalogie der Zeit keine hinreichende Bedingung, sondern nur das einfachste Beispiel für das Zeitbewusstsein darstellt.

Nach der Erklärung des Augenblicks gehen wir zur Rekombination der Einbildungskraft über. Die Kategorien der Substanz und des Akzidens beruht auf den beiden mathematischen Prinzipien, bei denen der unselbständige Grenzpunkt von dem Kontinuum abhängt. Der sekundäre oder derivative Charakter des Grenzpunktes im Verhältnis zum Kontinuum dort (bei den beiden mathematischen Prinzipien) gilt auch für den Beweis der Substanz.

3. Die Rekombination der Einbildungskraft mit den Kategorien der Substanz

Hier soll die zweite Eigenschaft der Einbildungskraft, nämlich die synthetische Rekombination der Zeit, mithilfe der Kategorie der Substanz dargestellt werden: Wenn wir unsere Erkenntnisse von empirischen Gegenständen thematisieren, dann entspringt die synthetische Einheit des Zeitbewusstseins von einem Gegenstand notwendig den Kategorien der Substanz und des Akzidens.

Der Grundsatz der Substanz, nämlich die sogenannte „erste Analogie der Erfahrung", besagt: „Bei allem Wechsel der Erscheinungen beharrte die Substanz…" (A 182.) Das Wandelbare hingegen gilt lediglich als die bloße Bestimmung der beharrlichen Substanz, d. h. als ihr unselbständiger Zustand (Akzidens).[158] Die Frage, was als beharrliche Substanz gelten kann, bleibt in gewissem Maße offen in Hinblick auf den regulativen Charakter des Grundsatzes. Die gewöhnlichen konkreten Dinge oder Gegenstände unserer Wahrnehmung wie Tisch und Stühle, Menschen und Tiere können entstehen und vergehen. Sie existieren lediglich in einer beschränkten Zeit. Deswegen beschreiben sie nicht die Substanzen in Kants Sinn, die in aller Zeit existieren bzw. die beharrlich sind.[159] Die konkrete Dinge beschreiben keine immerwährende Substanz, sondern nur Akzidenzien. Hingegen zeigt Kants Beispiel vom Verbrennen des Holzes, dass die vieldeutige Substanz mit einem immerwährenden „*Materie*" (B 228, 230) identifiziert werden kann: Nach der Verbrennung wird ein Holzstück Asche und Rauch,

158 „Daher ist alles, was sich verändert, bleibend, und nur sein Zustand wechselt." vgl. A 187/B 230.

159 Kants Substanzen dürfen nicht einfach (nach Langton 1998) mit den Dingen oder Dingen an sich identifiziert werden: „Unter der Voraussetzung, die Dinge an sich seien tatsächlich Substanzen, die innere Bestimmungen haben, stellt sich die Frage, wie diese inneren mit den äußeren Bestimmungen verbunden sein, d.h. welchem *Verhältnis* Dinge an sich und Erscheinungen stehen. Dass dieses Problem in der vorkritischen Philosophie letztlich ungelöst geblieben ist, zeigt bereits an, wie problematisch eine solche Interpretation ist." Hamann 2009, S. 171.

wobei die „Materie“ oder die materielle Menge (Materiemenge) konstant bleibt (A 185). Das Gewicht der übrigen Asche plus das Gewicht vom Rauch ist gleich dem Gewicht des Holzstückes. Die Frage, ob die Substanz nun mit der Materie identifiziert werden kann, haben einige Interpreten, z.B. Kemp Smith, ohne Zögern bejaht. Daran kritisiert Allison, diese Interpretation sei weder sachlich noch textuell haltbar.[160] Schließlich fasst Sans zusammen: „Am Ende bleibt als einziger Kandidat einer Substanz (Phaenomenon) die Materie übrig, aus der alle Gegenstände gebildet sind. Allein Materie kann sich verändern, ohne selbst zu entstehen oder zu vergehen.“[161] Nach dieser kurzen Erklärung der Substanz sollte der Grundsatz der Substanz in drei Schritten rekonstruiert werden: 1. *Erklärung der Beharrlichkeit (der Zeit selbst),* 2. *die beiden Fragen zum Beweis,* 3. *die Schlussfolgerung.*

3.1 Die Zeit selbst (Die Beharrlichkeit)

Bevor wir auf den Beweis eingehen, soll die Wesensbestimmung der Substanz[162], nämlich die Beharrlichkeit, in Kürze mithilfe einer Bewegungsanalogie erklärt werden. Eine Bewegung begreifen wir immer mithilfe eines Unbewegten als ihrem Bezugssystem, das in Bezug auf den sich bewegenden Köper relativ ruht oder unbeweglich ist. Ein Auto bewegt sich beispielweise auf einer Autobahn. Sofern die Auto-

---

160 Die problematische Behauptung von Allison wird von Hahmann kritisiert. vgl. Hamann 2009, S. 167 Anm. Norman Kemp Smith 1923.

161 Sans 2000, 59.

162 Die kategorischen Bestimmungen des Gegenstands überhaupt werden dargestellt wie folgt von Liang: „Der Gegenstand überhaupt wird durch die reinen Verstandesbegriffe, d.h. die Kategorien, gedacht (A 111, 124–5)… Eine Verknüpfung des Mannigfaltigen des Sinnes repräsentiert für uns genau dann einen Gegenstand, wenn es notwendigerweise hinsichtlich aller vier Gruppen der Kategorien bestimmbar ist: der Gegenstand muss eine extensive Größe – d.h. raumzeitliche Ausdehnung und Gestalt – haben; seine Wahrnehmung weist Qualitäten von einer bestimmten intensiven Größe oder einem „Grad“ auf; er ist entweder eine beharrliche Substanz oder eine der wechselnden Bestimmungen einer solchen Substanz und steht zudem in bestimmten kausalen Relationen mit seiner Umgebung; sein Dasein ist entweder möglich, wirklich oder gar notwendig. Der Begriff des *Gegenstands* ist insofern eine notwendige Einheit, als das Mannigfaltige, durch das einen Gegenstand erkannt wird, notwendigerweise alle oben genannten Aspekte aufweisen muss.“ Liang, 2017, S. 217

bahn oder die Erde relativ ruht, dient sie als das Bezugsystem zum sich bewegenden Auto. Die Hauptidee kann man auch auf die Bewegung bzw. den Wechsel der Zeit übertragen. Die Sukzession der objektiven Zeit in der Erscheinung gilt als ein Wechsel der verschiedenen objektiven Zeiten; z.B. ist jetzt der (ausgedehnte) Augenblick A, dann ist der Augenblick B, dann der Augenblick C, usw. Der Wechsel der Zeit hängt immer mit einer unbewegten oder „unwandelbaren" bleibenden Zeit zusammen[163], die nicht wechselt. Diese bleibende und unwandelbare Zeit unterscheidet sich einerseits von der Aufeinanderfolge der Zeit und andererseits liegt sie Letzterer zugrunde: Diese unwandelbare Zeit selbst wird von Kant als eine „andere Zeit" betrachtet, weil sie sich von der sukzessiven Folge der Erscheinungen bzw. von der gewöhnlichen objektiven Zeitfolge unterscheidet:

> „Wollte man der Zeit selbst [d.h. der Beharrlichkeit] eine Folge nach einander beilegen, so müsste man noch eine *andere Zeit* denken, in welcher diese Folge möglich." (A 183/ B 226)

Die Gleichzeitigkeit der Erscheinungen gilt dabei weiter als die Identität eines kurzen (ausgedehnten) Augenblicks, weil beide Erscheinungen in ein und demselben Augenblick geschehen. Die reinen Zeitverhältnisse der Aufeinanderfolge und der Simultanität werden jeweils als ein Wechsel des Augenblicks und eine Identität des Augenblicks betrachtet. Wenn das Begreifen der Bewegung und der Ruhe eines Gegenstandes auf ein und demselben Bezugsystem beruhen, dann basieren der Wechsel und die Identität des Augenblicks (die Sukzession und die Simultanität) ebenfalls auf der unwandelbar bleibenden Zeit, die mit einem unbeweglichen Bezugsystem verwandt ist. Auf Grund der unwandelbaren Zeit selbst sind die objektiven Zeitverhältnisse der Aufeinanderfolge und der Simultanität möglich. Dieses wird am folgenden Abschnitt ausführlich erklärt. Diese Zeit selbst ermöglicht weiter alle Zeitverhältnisse, weil es außer der Simultaneität und der Sukzession kein weiteres reines Zeitverhältnis mehr gibt. Diese Zeit selbst

163 Beim Schema der Kategorien der Substanz geht es ebenfalls um die Beharrlichkeit, d.h. die Zeit selbst, die als unwandelbar und bleibend fungiert. „Die Zeit also, die selbst *unwandelbar* und bleibend ist, korrespondiert...die Substanz..." B 183.

beschreibt also das Zugrundliegende, nämlich das sogenannte *Substrat* (das „Substratum" Kants) aller Zeitbestimmungen.[164]

> „...nur in dem Beharrlichen [d.h. in der Zeit selbst] sind also Zeitverhältnisse möglich...d.i. das Beharrliche ist das *Substratum* [Substrat] der empirischen Vorstellung der Zeit selbst, an welchem alle Zeitbestimmung allein möglich ist." (A 183/ B 226)

Diese unwandelbare Zeit selbst ist auf der einen Seite verwandt mit dem empirischen „Bezugssystem" einer Bewegung, auf der anderen Seite unterscheidet sie sich doch stark von dem Letzteren: Ein Bezugsystem ist lediglich relativ ruhig und unbewegt, weil die Bewegung des Köpers in der Physik absolut ist (z.B. ist die Erde in Bezug auf ein Gebäude auf der Erde unbewegt, während die Erde als ein Planet sich um die Sonne dreht. Die Sonne, die in der Milchstraße liegt, dreht sich weiter in ihrer Galaxie); im Gegensatz dazu muss diese unwandelbare Zeit das absolute Unwandelbare sein, so dass sie die reine sukzessive Zeit, die immer als die Form der Erscheinungen fungiert, in allen Veränderungen der Natur begleiten kann. Diese absolute Unwandelbarkeit der Zeit zeigt tatsächlich die absolute Unwandelbarkeit in den Erscheinungen, nämlich die Beharrlichkeit des Realen. Die strenge oder absolute Unwandelbarkeit der Zeit beschreibt das Bleibende, nämlich die sogenannte *„Beharrlichkeit"*, die weder vergeht noch entsteht, z.B. die konstante Materiemenge bei einer Veränderung. Diese Beharrlichkeit formt die Wesensbestimmung der Zeit selbst.

Den obigen Beweisgang (in der A-Auflage) fasse ich mit folgenden fünf Sätzen zusammen:

a) Das Verständnis einer Bewegung setzt ein relativ unbewegtes Bezugsystem voraus.

b) Die reine Sukzession der Zeit beschreibt den Wechsel des Augenblicks, etwa die Bewegung einer (ausgedehnten) Gegenwart entlang einer Linie. Der Wechsel der Zeit setzt ebenfalls die unwandelbare Zeit voraus, die verwandt mit dem festen „Bezugssystem" bei einer physikalischen Bewegung ist.

164 Substrat ist eine lateinische Übersetzung des griechischen Begriffes ὑποκείμενον (das Zugrundliegende), vgl. *HWPh* Bd. 10, S. 557.

c) Die unwandelbare Zeit, die als ein Bezugsystem fungiert, bildet die Grundlage für die beiden reinen Zeitverhältnisse der Sukzession und der Simultaneität.

d) Diese bleibende und unwandelbare Zeit selbst unterscheidet sich von dem relativ ruhenden Bezugsystem für eine Bewegung und zeigt die absolute Unwandelbarkeit in der Erscheinung, nämlich die Beharrlichkeit des Realen.

e) Die Schlussfolgerung: Die unwandelbare *Zeit selbst* bildet also das Grundliegende bzw. das Substrat aller reinen und empirischen Zeitbestimmungen. Diese Zeit selbst oder die sogenannte „Zeit überhaupt“ beschreibt die Beharrlichkeit, die eine Wesensbestimmung der Substanz darstellt.

Diese unwandelbare Zeit selbst hängt notwendig mit der Beharrlichkeit zusammen, wie die transzendentale Zeitbestimmung der Substanz, nämlich das transzendentale Schema der Kategorien der Substanz, gezeigt hat:

> „Das Schema der Substanz ist die *Beharrlichkeit* des Realen in der Zeit, d.i. die Vorstellung desselben, als eines Substratum der empirischen Zeitbestimmung überhaupt…“(B 183).

Obwohl Kant die Zeit selbst im Schematismus-Kapitel mithilfe aller Schemata der Kategorien darstellt, muss die grundlegende Zeit selbst lediglich die Beharrlichkeit aufweisen. Diese unwandelbare oder beharrliche Zeit ist entscheidend, weil sie allen anderen Zeitverhältnissen zugrundliegt. Die drei Relationskategorien besitzen korrespondierend drei Zeitmodi: die Beharrlichkeit, die Folge und das Zugleichsein. Sofern die Kategorien der Substanz und des Akzidens den Kategorien der Kausalität (der Ursache und Wirkung) und den Kategorien der Wechselwirkung (dem Handelnden und Leidenden) zugrunde liegen, ist die Beharrlichkeit grundlegend unter den drei Zeitmodi.[165]

165 Die drei Zeitmodi nach den Relationskategorien sind wie folgt hinsichtlich einer Zusammenfassung der drei Analogien (B 263):

Die Relationskategorien	Die Grundsätze	Die Zeitmodi	Zeitbestimmung	Themen
Substanz und Akzidenz	Die erste Analogie	Beharrlichkeit	„Größe des Daseins“	Inhärenz

Die Dauer

Die Zeit selbst soll jetzt näher erklärt werden. Bei einer zusammenfassenden Anmerkung am Ende der dritten Analogie erklärt Kant die Beharrlichkeit näher. Bei der Substanz gehe es um die Betrachtung der Erscheinungen nach dem Verhältnis zu der Zeit selbst bzw. nach der „Dauer" oder der „Größe des Daseins".

> Die drei Analogien der Erfahrung: „...sind nichts anderes, als Grundsätze der Bestimmung des Daseins der Erscheinungen in der Zeit, nach allen drei *modi* derselben, dem Verhältnis zu der Zeit selbst, als einer Größe (die Größe des Daseins, d.i. die Dauer), dem Verhältnisse in der Zeit als einer Reihe (nach einander)..." (B 263).

Auf Grund der unwandelbaren Zeit selbst ist außerdem eine objektive (und relativ beharrliche) Dauer möglich.

> „Durch das Beharrliche allein bekommt das Dasein in verschiedenen Teilen der Zeitreihen nach einander eine Größe, die man *Dauer* nennt. Denn in der bloßen Folge allein ist das Dasein immer verschwindend und anhebend, und hat niemals die mindeste Größe." (A 183/ B 226).

Fragwürdig ist in erster Linie die (relativ) beharrliche *„Dauer"*, die ebenfalls eine Perspektive der Zeit selbst darstellt: Wenn eine objektive zeitliche Extension zuvor (im Axiom der Anschauung) schon klar dargestellt ist, warum beschreibt Kant wieder eine objektive Zeitdauer? Sollte man diese Zeitdauer einfach als eine Wiederholung von der Zeitausdehnung (bei den Axiomen der Anschauung) betrachten? Auf diese Frage haben sowohl Thöle als auch Koch eine verneinende Antwort gegeben. Mit der beharrlichen Dauer meine Kant hier nicht die Synthesis der zeitlichen Extension mithilfe der Kategorien der Quantität, sondern die lange oder derivative Anschauung, die sich nach Thöle und Koch auf die Reproduktion der Einbildungskraft bezieht: Eine zeitliche Extension kann durch die Zahl, die eine sukzessive Addition ist, dargestellt werden. Sie hat nur eine bestimmte Richtung von früher nach später, während die Reproduktion einer Gegenwart sich nach

Ursache und Wirkung	Die zweite Analogie	Folge	„Reihe (nach einander)"	Konsequenz
Wechselwirkung Zwischen dem Handelnden und Leidenden	Die dritte Analogie	Zugleichsein	„Inbegriff alles Daseins(zugleich)"	Kompositum

beiden Richtungen, sowohl in die Vergangenheit als auch in die Zukunft erstreckt. Daher kann diese Dauer sich von der zeitlichen Ausdehnung/Extension unterscheiden.

Thöle weist hier zurecht darauf hin, dass das Bewusstsein von Dauer sich auf die Reproduktion bezieht: „Möglicherweise meint Kant mit dieser reichlich kryptischen Bemerkung, dass das Bewusstsein von Dauer nur möglich ist, wenn die aufeinander folgenden Vorstellungen reproduziert und in einem *Bewusstsein* zusammengefasst werden, und dass dies nur möglich ist, wenn ich sie im Begriff eines dauernden Gegenstandes verbinde (vgl. A-Deduktion insbes. A 102f.). Wieso dieser Gegenstand allerdings beharrlich sein muss, ist nicht recht nachvollziehbar.“[166] Zuvor wurde schon gezeigt, dass das Bewusstsein von einer langen oder derivativen Anschauung auf der Reproduktion beruht. Ein empirischer Gegenstand dauert beispielweise mehrere Tage an („von einem Mittag zum anderen“ A 102), er beharrt nicht in allen Zeiten und bildet nicht ein immerwährendes, sondern nur ein beschränktes oder relatives Beharrliches. Dies ist jedoch nicht ganz nachvollziehbar: Ein empirischer Gegenstand, der nur in einer beschränkten Zeit existiert, müsste beharrlich oder immerwährend in aller Zeit sein. Thöle hat also die Frage gestellt: Warum muss ein empirischer Gegenstand, der von der Reproduktion aus dem sinnlichen Mannigfaltigen synthetisch gebildet ist, absolut beharrlich sein?

Bei der Dauer thematisiert Kant nicht mehr diesen oder jenen empirischen Gegenstand, wie Thöle mit dem „dauernden Gegenstand“ vermutet, sondern vor allem einen dauernden „Gegenstand überhaupt“, der in allen Zeiten existieren, d.h. beharrlich sein kann. Eine Erscheinung dauert einen Tag, z.B. der Sonnenschein im Sommer dauert vom Morgen bis zum Abend. Die Stärke des Sonnenscheins ändert sich nach der Zeit, während seine Wesensbestimmung bzw. seine Substanz als die Sonnenstrahlung mit Wärme unverändert bleibt. Die Dauer hier bezieht sich nicht mehr auf die Größe (die Ausdehnung) der Erscheinungen, sondern auf die bleibende/beharrliche Zeit selbst, die auf der einen Seite alles Entstehen und Vergehen einer Erscheinung begleiten kann, auf der anderen Seite den Träger (die Substanz) aller Akzidenzen darstellt. Diese Dauer beschreibt die Größe des immerwährenden „Daseins“ (der Seinsart) der Dinge (B 226), das die formale

166 Ebd., S. 280–281.

Einheit aller Dinge oder aller Gegenstände darstellt. Die beharrliche Dauer hier zeigt uns also nicht die Größe (Extension) dieses oder jedes empirischen, raumzeitlichen Gegenstandes, sondern die Größe des Gegenstandes überhaupt.

Der „Gegenstand überhaupt" verfügt über eine räumliche Stelle und Gestalt und dauert in der Zeit. Er wird von den raumzeitlichen Ausdehnungen charakterisiert. Bei der Formulierung des Grundsatzes der Substanz in der A-Auflage hat Kant das Beharrliche (die Substanz) eben als „den Gegenstand selbst" betrachtet, der den Gegenstand überhaupt darstellt.

> „Alle Erscheinungen enthalten das Beharrliche (Substanz) als den *Gegenstand selbst*, und das Wanderbare als dessen bloße Bestimmung, d.i. eine Art, wie der Gegenstand existiert. "(A 182)

Wenn Kant (in dem dritten Absatz der ersten Analogie) die vieldeutige Substanz als den Träger von Akzidenzen betrachtet, identifiziert er die konkreten Bestimmungen oder die Zustände der Substanzen vermutlich mit gewöhnlichen Dingen, z.B. Lebewesen, Möbelstücken usw. Die Substanz in dem Fall, die den *Gegenstand überhaupt* (Gegenstand selbst) darstellt, beschreibt hingegen die allgemeine formale Bedingung aller Dinge. Die Substanz zeigt uns hier das bestimmte Sein der erscheinenden Dinge bzw. das „Dasein der Dinge".

> „Diese Beharrlichkeit ist indes doch weiter nichts, als die Art, uns *das Dasein der Dinge* (in der Erscheinung) vorzustellen." (A 186.)

Das Dasein des Dinges (als Erscheinung), das ein bestimmtes Sein beschreibt, hat die beiden Bedeutungen, entweder ein Selbstsein im Raum und in der Zeit oder das Sein mit den anderen Dingen zu sein. Das Selbstsein ist raumzeitlich bedingt, während das Seinsverhältnis von den anderen Dingen bedingt ist. Die mathematischen Kategorien (der Quantität und der Qualität) thematisieren das raumzeitliche Sein eines Gegenstandes selbst, während die dynamischen Kategorien (der Relation und der Modalität) die Seinsverhältnisse mit den anderen Dingen erklären (B 110, 200):

a. Das Sein uns gegenüber, d.h. das Sein zum erkennenden Subjekt, beschreibt das Entgegenstehen oder den Gegenstand überhaupt. Ein Gegenstand besitzt die raumzeitlichen Ausdehnungen, die sein raumzeitliches Sein zeigen. Das Dasein eines Dinges zeigt uns vor allem ein raumzeitliches Sein, das eine bestimmte Gestalt und zeitliche Dauer besitzt, wobei es nicht um dieses oder jenes Ding geht, sondern um die Seinsart *aller* Dinge: Wie lange und inwiefern bleibt das Ding überhaupt unverändert? In dem Sinn zeigt ein Stein, der hundert Jahre alt ist, das Ding oder den Gegenstand besser als eine Blume, die nur einige Tage dauert; Das Beispiel vom Verbrennen des Holzes zeigt: ein Holzstück vergeht beim Verbrennen, dann entstehen Asche und Rauch. Die empirischen Gegenstände: Holz, Asche, Rauch vergehen und entstehen, wobei immer etwas, nämlich die Materie, mir gegenübersteht, die das Mir-Gegenüberstehen bzw. den Gegenstand selbst darstellt. Die empirischen Gegenstände (Holz, Asche, Rauch) gelten dabei als die konkreten *Bestimmungen* des Gegenstands selbst;

b. Das Seins-Verhältnis mit den anderen Dingen zeigt weiter entweder eine kausale Verbindung oder eine Wechselwirkung. Das Dasein oder das bestimmte Sein eines Dinges im Zusammenhang mit den Relationskategorien bezieht sich auf die Seinsverhältnisse mit den anderen Dingen, es hat z.B. ein kausales Verhältnis: Ein Zustand (das Dasein) A eines Dinges verursacht seinen Zustand B. Insofern die Substanz den Gegenstand selbst thematisiert, der mit dem „obersten Grundsatze aller synthetischen Urteile" eng zusammenhängt[167], konkretisiert die erste Analogie sich notwendig als das synthetische Prinzip aller Erscheinungen und des Zeitbewusstseins.

3.2 Die beiden Fragen zum Beweis

Nach der Erklärung des Begriffs der Beharrlichkeit (der Zeit selbst) gehen wir auf die Begründung ein. Kurze und bündige Rekonstruktionen des Beweises der ersten Analogie (in beiden Auflagen) finden sich bereits bei Thöle, die durch eine ausführliche Darstellung des Beweises von Hahmann ergänzt wurde.[168] Deswegen fokussiere ich mich nur auf *einige* spezifischen Punkte – die Fragstellung und die Unanschaubarkeit der Zeit selbst – die unentbehrlich für meine Frage nach der Zeit sind. Der Hauptbegründung der ersten Analogie, die insgesamt aus neun Absätzen besteht, liegt in dem ersten Absatz (in der B-Auflage)

---

167 „Das oberste Principium aller synthetischen Urteile ist also: ein jeder *Gegenstand* steht unter den notwendigen Bedingungen der synthetischen Einheit des Mannigfaltigen der Anschauung in einer möglichen Erfahrung." B 197.

168 Thöle, *Die Analogien der Erfahrung,* in KA S, 275–276. Hahmann 2010, S. 97–107.

und dem zweiten Absatz (in der A-Auflage). Der zweite Absatz bildet den eigentlichen Beweis (A-Beweis), während der erste Absatz die umgeschriebenen B-Beweise darstellt. Der A-Beweis bringt die beharrliche Dauer, nämlich eine ergänzende Bestimmung der Zeit selbst, ins Spiel, die entscheidend für die Zeittheorie Kants ist. (Über die Unterscheidung der Beweise bei der A- und B-Auflage ist an dieser Stelle Folgendes zu sagen: Koch bevorzugt den A-Beweis, weil die Argumentation in der zweiten Auflage ihm zufolge bei näherer Überprüfung vom Beweis in der ersten Auflage (A) abhängt. „Allerdings erweist sich die Argumentation von Absatz 0 bei näherem Zusehen als abhängig von dem Beweis in Absatz 1.“[169] Thöle hingegen kritisiert mehr die Mangelhaftigkeit und die Unglücklichkeit des Beweises in der ersten Auflage.[170]) Gegenüber der Zeitfrage bezüglich der beharrlichen Dauer, die die A-Auflage kennzeichnet, schenke ich dem Beweis der A-Auflage mehr Aufmerksamkeit und werde meine Ausführungen aus der B-Auflage nur nach Bedarf ergänzen.

Die Frage des Beweises (am Anfang des 2. Absatzes) wird so gestellt: Unsere Apprehension des Mannigfaltigen ist immer sukzessiv oder wechselnd. Deswegen wissen wir nicht, ob die Erscheinungen wirklich zugleich oder nacheinander da sind. Wie Kant sagt:

> „Unsere Apprehension des Mannigfaltigen ist jederzeit *sukzessiv*, und ist also immer wechselnd. Wir können also dadurch allein niemals bestimmen, ob die Erscheinungen, ob dieses Mannigfaltige, als Gegenstand der Erfahrung zugleich oder nacheinander sind.“ (B 225/ A 182)

Diese Fragestellung impliziert, dass nicht nur die subjektive Zeit, sondern auch das Bewusstsein der Zeit sukzessiv ist. Um festzustellen, ob ein Zeitverhältnis des Gegenstandes wirklich sukzessiv oder gleichzeitig ist, benötigt man das Unveränderte bzw. das Beharrliche in allen Erscheinungen, das mit einem Bezugsystem oder einem Uhrwerk Ähn-

169 Koch 2004 S. 219.

170 „Der Beweis ist in mindestens zwei Hinsichten unglücklich aufgebaut. Zum einen wird die Funktion des zweiten Beweisschrittes nicht erkennbar. Zum anderen ist der Hinweis auf die Nichtwahrnehmbarkeit der Zeit (erster Teil von Satz 10) insofern schlecht platziert, als die Folgerung, zu deren Begründung er beitragen soll, bereits zuvor (Satz 2) gezogen worden ist.“ (Thöle S. 280) Gegen Thöle würde ich argumentieren: Der Schritt C spielt eine zentrale Rolle in der B-Auflage, aber das Zitat im Schritt C (i und ii) in der B-Auflage ist identisch mit den beiden Zeitverhältnissen in der Auflage.

lichkeit hat. Der vollständige Beweis hinsichtlich der Rekonstruktionen von Thöl und Koch[171] gliedert sich in 3 Prämissen (A, B, C) und einen Zwischenschluss sowie eine Schlussfolgerung, wie folgt:

Prämisse A: Ein objektives Zeitverhältnis der Erscheinungen verlangt das Beharrliche, das immer bleibt und sich nicht verändert.

Prämisse B: Das Beharrliche zeigt die Zeit selbst („Zeit überhaupt"), die nicht wahrnehmbar ist; auf Grund dessen sind alle Zeitverhältnisse (Folge und Zugleichsein) möglich.

Prämisse C: Man benötigt aber eine wahrnehmbare oder reale Zeit in den Erscheinungen, um eine objektive Zeitstelle zu bestimmen. Wir benötigen ein wahrnehmbares „Bezugsystem" in den Erscheinungen, das immer bleibt und sich nicht verändert, um den Wechsel der Zeit zu bestimmen. Die wahrnehmbare/reale Zeit selbst (das „Bezugsystem") ist notwendig unverändert und bleibend in allen Erscheinungen, d.h. es ist ein Beharrliches.[172] Um die Zeitfolge zu bestimmen, benötigt man das Wahrnehmbare oder das Reale in der Erscheinung, nämlich eine erscheinende Substanz.

Zwischenfolgerung[173]**:** Die Zeit selbst (die Zeit überhaupt) ist das erscheinende Beharrliche, nämlich „die Substanz in der Erscheinung." (B 225)

Konklusion: Die Zeit selbst ist das Beharrliche bzw. die Substanz.

In der Prämisse A geht es um die obige Fragstellung: Wie kann man beurteilen, ob Erscheinungen wirklich zugleich oder nacheinander sind? Diese Fragestellung beschreibt die Verhältnisse der Erscheinungen in der Zeit. Außerdem besagt das Zeitverhältnis eine Dauer, nämlich das Verhältnis der Erscheinungen zu der Zeit selbst. Nach Thöles Ansicht: „Dort [im zweiten Absatz A 215/ B 262] unterscheidet Kant zwischen dem Verhältnis der Erscheinungen zur Zeit selbst, als einer Größe (der Dauer), und den Verhältnissen der Erscheinungen in der Zeit (Folge und Zugleichsein)."[174] Ein beharrlicher Gegenstand besitzt eine objektive Zeitgröße, d.h. eine Dauer, während jeder Zustand eines sich bewegenden Köpers bei einer objektiven Zeitstelle in einer Zeit-

171 Thöle, S. 280. Koch 2004, S. 220.

172 „Wollte man der Zeit selbst eine Folge nach einander beilegen, so müßte man noch eine andere Zeit denken, in welcher diese Folge möglich wäre." 2. Absatz. B 226/ A 183.

173 Koch 2004, S. 220.

174 Thöle, S. 280.

folge liegt. Ein objektives Zeitverhältnis der Erscheinungen, das entweder das Verhältnis zur Zeit selbst (Größe) oder die Verhältnisse der Erscheinungen in der Zeit (Folge und Zugleichsein) darstellt, benötigt das Beharrliche.

Danach soll die Prämisse B näher erklärt werden. Die hier gegebene Begründung der Unanschaubarkeit der Zeit selbst unterscheidet sich von Kochs Erläuterung[175], die, wie erwähnt, auf dem problematischen Jetztpunkt beruht. Damit wird meine obige „Gegenwarts-These" unterstützt. Die grundlegende Zeit selbst (die Zeit überhaupt) ist nicht wahrnehmbar aus den folgenden Gründen. Die ersten beiden Sätze thematisieren eine subjektive Zeit, die als die reine Anschauungsform und eine reine synthetische Handlung gilt, während der letzte Satz eine objektive modale Zeit beschreibt:

1. Die primäre reine Zeit, ohne die Bestimmung der Substanz, ist nicht ein empirischer Gegenstand der Anschauung, sondern die Form der Anschauung. Diese Form zeigt eher ein imaginatives Dasein (bestimmtes Sein) in Gedanken, nämlich das sogenannte „ens imaginarium", welches näher als eine „leere Anschauung ohne [empirischen oder realen] Gegenstand"(B 348) zu bestimmen ist.

Nach Kants Formulierung: „Die bloße Form der Anschauung, ohne Substanz, ist an sich kein Gegenstand, sondern die bloße formale Bedingung derselben (als Erscheinung), wie der reine Raum, und die reine Zeit, die zwar Etwas sind, als *Formen* anzuschauen, aber selbst keine Gegenstände sind, die angeschaut werden (ens imaginarium)." (B 347).

1. Die von reinen Begriffen bestimmte reine Zeit gilt als eine rein synthetische Handlung a priori, nämlich die Schemata der mathematischen Begriffe oder der Kategorien. Eine rein synthetische Handlung selbst kann man nur indirekt erkennen, wenn man von einem empirischen synthetischen Ergebnis rekurriert/reflektiert, z.B. wir schließen von einer geradlinigen Bewegungsbahn auf ihre sukzessive synthetische Handlung der Zeitstadien.

2. Nach der reinen Zeit folgt eine objektive modale Zeit, die auf einer empirischen, spezifischen Gegenwart beruht. Eine gegenwärtige Anschauung vergeht immer in die Vergangenheit, ohne den Einfluss der reproduktiven Einbildungskraft, wobei man nur die gegenwärtige Erscheinung vor Augen hat und die vergangenen Ereignisse immer

175 Koch 2004, S. 220.

vergisst. Die anderen beiden Teile einer modalen Zeit, nämlich die Vergangenheit (nicht mehr) und die Zukunft (noch nicht) existieren nicht. Nach Mohrs Formulierung: „Das Nacheinander augenblicklicher und sich wechselseitig ausschließender Präsenzen ist das spezifisch Zeitliche an der Zeit als Form der Anschauung.“[176] Das zeigt nicht, dass der Jetztpunkt als eine Grenze allein existiert, sondern lediglich, dass die ausgedehnte Gegenwart existiert.

3.3 Schlussfolgerung: die Einheit des Zeitbewusstseins

Die Konklusion des Grundsatzes stellt einen Monismus und einen Pluralismus der Substanz dar, und zwar mithilfe des Schlusssatzes des 2. Absatzes, wie folgt:

> „Also ist in allen Erscheinungen das Beharrliche der Gegenstand selbst, d.i. die Substanz (phaenomenon), alles aber, was wechselt, oder wechseln kann, gehört nur zu der Art, wie diese Substanz oder Substanzen existieren, mithin zu ihren Bestimmungen. (A 183f./ B 227)“

Aus der Wendung „diese Substanz oder Substanzen“ sind ein Monismus und ein Pluralismus der Substanz ersichtlich; dazwischen wahrt die A-Auflage eine Neutralität. Die dritte Analogie scheint plurale Substanzen anzunehmen, sofern sie eine Wechselwirkung aller Substanzen annimmt.[177] Darüber stimmen aber die Interpretatoren nicht überein: Koch hat hier vor allem den Monismus der Substanz begründet. Auf Grund der absoluten, einzigen Substanz sind die relativen Substanzen (etwa Materien) möglich: Die absolute Substanz ist „gemäß dem Prinzip der Axiome der Anschauung eine extensive Größe, d.h. ein Aggregat aus selbständigen, substantiellen Teilen, die sich folglich wie verschiedene Substanzen zueinander verhalten und gemäß der dritten Analogie der Erfahrung in Wechselwirkung unter einander stehen.“[178]

Hingegen findet man einen Beweis für die Substanzen in dem quantitativen Erhaltungsgesetz. In B-Version behauptet Kant zusätzlich ein quantitatives Erhaltungsgesetz: dass das Quantum der Substanz bei einer Veränderung weder vermehrt noch vermindert wird, nämlich

---

176 Mohr 1992, S.192.

177 „Alle *Substanzen,* sofern sie im Raume als zugleich wahrgenommen werden können, sind in durchgängiger Wechselwirkung.“ B 256

178 Koch 2004, S. 219.

die Anzahl der Substanzen bleibt immer unverändert.[179] In dem Fall meint Kant wahrscheinlich die pluralen Substanzen. Sofern es nur eine einzelne absolute Substanz gäbe, wäre das quantitative Erhaltungsgesetz eine unnötige Tautologie. Außerdem zeigt Kant mit dem Beispiel des Holzes mindestens auf die beiden konstanten Größen (Erhaltungsgrößen), welche die beiden konkreten Substanzen, nämlich Masse und Energie, beschreiben: beim Beispiel der Verbrennung des Holzes bleibt die Masse bzw. die Materiemenge unverändert. Das Gewicht der übrigen Asche plus das Gewicht vom Rauch ist gleich dem Gewicht des Holzstückes. Die chemische Energie aus Holz wird in dem Fall in Wärme umgewandelt, also ist die Energie bei der Verbrennung auch konstant; nämlich, die freigesetzte Wärme ist gleich der verlorenen chemischen Energie des Holzes. Sofern der Grundsatz der Substanz nach Koch und Thöle das physikalische Erhaltungsgesetz a priori begründen kann[180], beziehen sich die Substanzen in den verschiedenen Branchen der Physik jeweils auf die verschiedenen physikalischen Größen, z.B. auf die Größe der Massen, der Energie, des Impulses (die Größe der Bewegung) usw. So viele Erhaltungsgrößen es in der Physik geben kann, so viele konkrete relevante Substanzen bestehen korrespondierend in der Philosophie.

---

179 Diese quantitative Erhaltungsthese lässt nach Töhle zwei unterschiedliche Deutungen zu: „Zum einen kann gemeint sein, dass die Anzahl der Substanzen immer dieselbe bleibt. Zum anderen könnte aber auch gemeint sein, dass es eine quantifizierbare Größe (z. B. die Masse) gibt, die bei aller Veränderung einer Substanz erhalten bleibt.“ Vgl. Thöle, S. 275. Bei dem zweiten Fall über die konstante Größe, z.B. die Erhaltung der Masse, komme ich zu einem anderen Verständnis als Thöle: eine Erhaltung der Masse zeigt immer zugleich die Erhaltung der Energie. Aufgrund der Äquivalenz von Masse und Energie z.B. bei der Kernreaktion ist die Massenerhaltung mit der Energieerhaltung in der Physik gleichwertig. Daher unterstützt die Erhaltung der Masse nicht die These von der Substanz, sondern die von den Substanzen (Masse und Energie).

180 Kochs Verweis auf das Erhaltungsgesetz vgl. Koch 2005 S. 218.
Ein **Erhaltungssatz** ist ein grundlegendes physikalisches Gesetz, nach dem eine bestimmte physikalische Größe, die sogenannte Erhaltungsgröße, immer unverändert bleibt. Die fundamentalen Erhaltungsgrößen sind die Masse, Energie, Impulse usw. in einem abgeschlossenen System. (Die Erhaltungsgesetze spiegeln weiter die „Symmetrien“ oder die „Homogenität“ von Raum und Zeit wieder, die mit Kants transzendentaler Ästhetik zusammenstimmen. vgl. https://www.spektrum.de/lexikon/physik/erhaltungssaetze/4483)

Unter der Substanz versteht Kant entweder eine singuläre absolute Substanz oder die relativen Substanzen, etwa die verschiedenen Erhaltungsgrößen in der Physik (Masse, Energie, Impuls usw.); dementsprechend werden beide Darstellungen der Zeit selbst geformt:

a) Wenn Kant die singuläre Substanz bzw. eine absolute Substanz behauptet, dann bekommen wir ein *Linien-Modell*, das sowohl die Unendlichkeit als auch die eindimensionale Ausdehnung der Zeit erklären kann. Diese absolute Substanz ist eher eine abstrake metaphysische Annahme, die m.E. eine logische höchste „einzige Gattung" aller Erscheinungen bei der regulativen Idee voraussetzt.[181]

b) Wenn Kant von den pluralen Substanzen spricht, die entweder die physikalischen Erhaltungsgröße oder die alltäglichen Dinge (die Gegenstände der Wahrnehmung) betreffen, dann haben wir ein *Segment-Modell*: Jede Gegenwart verbindet sich miteinander, um eine Zeitfolge, wie eine Linie, zu bilden. Diese können wir dadurch imaginieren, dass wir die verschiedenen Segmente, die jeweils eine ausgedehnte Gegenwart (Zwischenzeit) vertreten, auf einer Linie miteinander verbinden.

Das Linien-Modell charakterisiert eine einheitliche, aufeinanderfolgende Zeit, während das Segment-Modell die diskreten Zeiten kennzeichnet. Diese beiden Bestimmungen der Zeit sind *nicht in sich widersprüchlich*[182], sondern m.E. miteinander kompatibel, weil die diskrete Zeit, wie ein räumliches Segment, eine Grundtatsache der Erfahrung ist. Ohne diese diskrete Zeit wäre es nicht mehr möglich, sich eine Stunde, einen Tag oder ein Jahr vorzustellen.

Wenn Strawson die pluralen Substanzen annimmt[183], dann muss er ein „Individuations-prinzip" der einzigen Substanz darstellen, weil die Substanzen nicht unmittelbar die gewöhnlichen Dinge beschreiben können. Hingegen behauptet Koch die absolute Substanz, daher muss er ein „Vereinigungsprinzip" der Substanzen voraussetzen. Obwohl die Substanz selbst bei Kant nicht direkt auf die Gegenstände der Wahrnehmung, sondern auf die Materie verweist, beschreiben die *kon-*

181 B 681–682.

182 Koch and Hahmann haben für die absolute Substanz plädiert und sich gegen die relativen Substanzen ausgesprochen. Darauf brauche ich nicht für meine Zeitfrage eingehen. Vgl. Koch 2004, S. 219, 224. Hamann 2010, 186–196.

183 Strawson 1997, 269f. Strawson, The Bounds of Sense, S. 131f. Auf dem Streit vgl. weiter Hahmann 2010, S. 166–169.

kreten Bestimmungen oder die (unselbständigen) „Zustände" der Substanz doch die alltäglichen Dinge (die Gegenstände der Wahrnehmung), z.B. Tisch und Stuhl, Stein und Erde usw. Diese Gegenstände der Wahrnehmung zeigen die empirischen Bestimmungen des „Gegenstand überhaupt" dadurch auf, dass man das sinnlich Mannigfaltige in einen Gegenstand synthetisch vereinigt oder rekombiniert. Das sogenannte „Individuationsprinzip der Substanz" von Hahmann[184] entspringt den konkreten Bestimmungen des Gegenstandes überhaupt. Auf der einen Seite beschreibt die beharrliche „Dauer" den Gegenstand überhaupt (s.o.), auf der anderen Seite hängt die Beharrlichkeit (der Substanz) mit der äußeren Welt bzw. mit dem Inbegriff aller Dinge in der Widerlegung des Idealismus zusammen.[185]

Koch stellt hier die traditionale „rätselhafte" Zeitfrage bzw. „inwiefern die Zeit überhaupt existieren kann, da sie doch aus zwei nicht existenten Teilen, Vergangenheit und Zukunft, besteht, deren bloße Grenze das jeweilige Jetzt ist."[186] Diese Frage spielt m.E. nur eine nebensächliche Rolle, weil die Jetztpunkt-These bei Kant aus den genannten Gründen unhaltbar ist. Der Beweis der Substanz stellt eher diese Frage: Inwiefern leitet die Beharrlichkeit die Reproduktion der Einbildungskraft, also:wie werden die diskreten Zeiten (die Segmente) in ein *Zeitkontinuum* (eine Linie) rekombiniert? Die Einheit des Zeitkontinuums „kraft" der Substanz soll jetzt näher erklärt werden. Hinsichtlich der eindimensionalen Darstellung des Zeitbewusstseins entwickelt Koch zwei zusammenhängende Argumente und eine Schlussfolgerung, mit dem zweiten Argument werde ich mich näher auseinandersetzen[187], um die Antwort auf meine Frage zu finden:

> **Argument a.** Mit der Verlängerung des „Jetztpunktes" wird die eindimensionale Eigenschaft der Zeit gebildet. (Das Jetzt-Modell der Zeit)
>
> **Argument b.** Die absolute Substanz begründet die absolute Einheit der Zeit. (Die Eindimensionalität-These der Zeit.)

---

184 Hahmann 2010, S. 169.

185 Die Beharrlichkeit in der äußeren Welt bzw. in dem „Dasein der Gegenstände im Raum außer mir" beweist die Realität der äußeren Welt, die nicht als ein Traum betrachtet werden kann. vgl. BXL und B 275.

186 Koch 2004, S. 221.

187 Koch 2004, S. 219.

Schlussfolgerung: Die Analogie und Dis-Analogie von Raum und Zeit beruhen auf dem Grundsatz der Substanz, d.h. auf der sogenannten ersten Analogie der Erfahrung.

Das erste unfundierte Jetzt-Modell einer Zeitfolge (das Argument a) wurde vorhin schon modifiziert, damit ein haltbares Gegenwarts-Modell (das Argument a') hinsichtlich der Zeittheorie Kants geformt werden kann;

Argument a': mit der Verlängerung der ausgedehnten Gegenwart wird die eindimensionale Eigenschaft der Zeit geformt;

Eine mit der Schlussfolgerung Kochs verwandte These habe ich oben schon dargestellt, nämlich, dass die Linienanalogie keine hinreichende Bedingung des Zeitbewusstseins ist (1.3.1). Daher bleibt nur die zweite These über die Substanz und die Einheit des Zeitbewusstsein übrig, welche die *Eindimensionalität* der Zeit weiter ergänzt: Eben die eindimensionale Zeit unterscheidet sich eindeutig von dem dreidimensionalen Raum, es besteht noch eine Verwandtschaft oder eine Analogie zwischen der eindimensionalen Linie und der Zeitvorstellung. In dem Fall zeigt die Linie nicht mehr eine geradlinige Bewegung einer Kugel nach einer bestimmten Richtung, sondern die Möglichkeit, dass ein Köper auf einer Linie entweder an einem Ort ruhen oder sich nach *beiden* Richtungen bewegen kann. Diesen eindimensionalen Charakter stellt die Reproduktion der Einbildungskraft nach beiden Richtungen sowohl in der Vergangenheit (Erinnerung) als auch in der Zukunft (Erwartung) dar.

Die eindimensionale Eigenschaft der Zeitvorstellung beruht nach Koch auf der absoluten Substanz: a. Ein Jetzt als die Grenze zwischen der Zukunft und der Vergangenheit muss zu einer Gegenwart, nämlich einer kurzen Dauer, ausgedehnt werden, damit man zugleich mehr anschauen kann. „Das punktuelle Jetzt wird in beide zeitliche Richtungen verlängert vorgestellt, und zwar verlängert ins Unendliche, *kraft* des Begriffes der Substanz (im Singular), deren Quantum zu allen Zeiten dasselbe ist.“[188] b. Die in beide Richtungen verlängerte Zeit bildet ein Zugrundliegendes bzw. ein Substrat, das den beiden Zeitverhältnissen (Gleichzeitigkeit und Aufeinanderfolge) zugrunde liegt. Diese Zeit selbst ist für sich nicht wahrnehmbar. Die Einheit der einzigen unend-

188 Koch 2004, S. 221.

lichen Zeit entspringt grundsätzlich der „absoluten Einheit“ der absoluten Substanz.[189] Deswegen beruht die Einheit des Zeitbewusstsein am Ende Koch zufolge auf der Kategorie der Substanz: „Dennoch wird die Zeit als eindimensionales Kontinuum (Folge) nach Analogie des Raums vorgestellt. Diese Verräumlichung ist möglich dank der Kategorie der Substanz und ihrer Schematisierung.“[190] Die Substanz begründet die Eindimensionalität der Zeit mithilfe des Argumentes b:

b. Die absolute Einheit der Substanz bestimmt die Einheit der unendlichen Zeit, wie die Einheit einer räumlichen Linie.

Zu der These b Kochs gibt es zwei mögliche Einwände: Die Verlängerung der Gegenwart beruht nicht notwendig auf der Kategorie der Substanz, wie es Koch behauptet. Irgendeine andere Kategorie, z.B. die Quantität, kann eine Gegenwart zu einem linearen Kontinuum (Ausdehnung) verlängern, wenn wir uns lediglich auf die Zahl der Erscheinungen fokussieren. Ein empirisches quantitatives Urteil, z.B.: „Vor mir liegen zwei Bücher auf dem Tisch.“, äußert lediglich eine quantitative Bestimmung, wobei die sukzessiv gezählte Gesamtheit Zwei als eine Einheit der sinnlichen Erfahrung gedacht wird.

Die Einzelheit und Unendlichkeit der reinen Zeit, die aus der Anschauungsform unmittelbar abgeleitet geworden ist (B 47–48), bildet die Grundbestimmungen der Ästhetik. Sie benötigt keine weite Begründung durch den Verstand. Die Ästhetik setzt auch nicht die Verstandeskategorie der Substanz voraus, ansonsten würde der Dualismus von Sinnlichkeit und Verstand beeinträchtigt. Der *Dualismus* der Erkenntnistheorie soll weiter festgehalten werden: Die Einheit der einzigen unendlichen Zeit im Subjekt, die als eine Anschauungsform gilt, besitzt gar keinen qualitativen, sondern nur einen quantitativen Unterschied. Die verschiedene Zeitgröße entspringt den Beschränkungen der einzigen unbeschränkten Zeit. Die unendliche Zeit beschreibt in der Ästhetik die unbeschränkte Größe bzw. eine unendlich große Menge,

189 Die absolute Einheit zeigt ein Ding nur dann, wenn es keine Teile besitzt. „Substanz ist entweder absolute Einheit oder an sich selbst Vielheit: compositum substantiale.“ (Refl 17:739). „Dieses kommt daher, weil in der Größe überhaupt als Einheit doch noch immer die Möglichkeit liegt, sie als Menge anderer Einheiten anzusehen, und Größe keine absolute Einheit enthält.“ (Refl 14:59). Vgl. Liang 2017, S. 182.

190 Koch 2004, S. 226.

etwa eine infinite Größe. Die einzige Zeit, die als die Form einer unmittelbaren Anschauung betrachtet wird, beschreibt eine Gattung, die gar keine qualitativ verschiedenen Unterarten besitzt. Hingegen beschreibt die logische Einheit eines Verstandesbegriffs das Verhältnis zwischen einer Gattung und ihren Arten und Unterarten, z.B. das rein kausale Verhältnis und die konkreten empirischen kausalen Verhältnisse der Gegenstände, bei denen ein qualitativer Unterschied der Unterarten eines Begriffes notwendig existiert. Dieses logische Verhältnis zwischen der Gattung und den Arten wird in einem Absatz der transzendentalen Dialektik näher beschrieben.[191]

Für die beiden Quellen der Erkenntnis lässt sich eine *objektive Zeit* von der subjektiven Zeit unterscheiden. Für die subjektive Zeit gilt Folgendes: Die Zeit der Anschauungsform beschreibt eine subjektive Zeit, weil mit einer Anschauung allein die Folge der Erscheinungen gegeben wird. Diese gegebenen Erscheinungen oder Vorstellungen in der Zeitfolge werden erst von uns zu einem Gegenstand (einem „Objekt“) kombiniert, insofern wir einen Verstandesbegriff, nämlich eine Kategorie, auf die Erscheinungen anwenden. Die objektive Synthesis der Erscheinung entspringt notwendig dem Verstand (Vgl. §18 bei KrV); Für die objektive Zeit wiederum gilt: Die Substanz gewährleistet die Einheit der qualitativ verschiedenen sukzessiven Zeiten bzw. die Einheit der objektiven Zeit, in der die Eigenschaften eines Dinges sich sukzessiv voneinander differenzieren. Diese objektive Einheit der Zeit stimmt mit der subjektiven Zeit als der Anschauungsform überein und fungiert deswegen als ihre synthetische objektive Bestimmung mithilfe der Kategorie der Substanz.[192]

Aus diesen Gründen lässt sich das Argument b in das Argument b’ auf folgende Weise modifizieren.

---

191 Die absolute singuläre Substanz fungiert m.E. als die höchste „einzige Gattung“ (B 681, 682), nämlich als eine regulative Idee, wie eine Passage am Ende der transzendentalen Dialektik „von dem regulativen Gebrauch der Ideen der reinen Vernunft“ zeigt. Diese höchste Gattung konkretisiert sich immer als die logischen verbundenen (kontinuierlichen) Arten und Unterarten.

192 Für die Heterogenität der beiden Quellen (Sinnlichkeit und Verstand) der Erkenntnis und die Schwierigkeit der Synthesis der Zeit hat Rosefeldt eine Lösung hinsichtlich der sukzessiven Synthesis der EBK vorgeschlagen. Vgl. Rosefeldt 2019, S. 64–65.

Argument b': Die Kategorie der Substanz begründet nicht die Einheit der subjektiven unendlichen Zeit, die als eine selbständige Anschauungsform fungiert, sondern die Einheit der sukzessiven Synthesis (der Rekombination) der objektiven endlichen (beschränkten) Zeit. Die Substanz hat nicht die reine unendliche Zeit, sondern eine endliche *Synthesis* der Zeit für einen Gegenstand erwiesen, obwohl eine Synthesis sich noch in allen möglichen (potenziellen) Erfahrungen erweitern kann. Diese Synthesis der Zeit lässt sich räumlich so darstellen, dass ein Segment auf einer Linie es in sich hat, sich noch weiter erstrecken zu können. Dieses ist meine *eindimensionale These* zur Zeit. Diese Einheit der eindimensionalen Zeit bei der Reproduktion, die sich in beide Richtungen, sowohl in die Vergangenheit als auch in die Zukunft (mithilfe der Kategorie der Substanz) erstreckt, stellt in dem Fall die synthetische Einheit des *objektiven Zeitbewusstseins für einen Gegenstand* dar.[193] Das sinnliche Mannigfaltige in einer objektiven Zeit, nämlich die verschiedenen Eigenschaften eines Gegenstandes, wird kraft der Kategorie der Substanz in einem realen Gegenstand vereinigt.

Es ist festzuhalten, dass die Kategorie der Substanz tatsächlich dem Zeitbewusstsein für einen Gegenstand eine grundlegende synthetische oder begriffliche Einheit liefern kann, aber nur in der erwähnten modifizierten Art und Weise, die ich mithilfe meiner endgültigen *eindimensionale These* zur Zeit dargestellt habe: Eine ausgedehnte Gegenwart, nämlich ein eigentlicher Augenblick, wird in beiden Richtungen sowohl nach früher als auch nach später dadurch verlängert, dass die objektive Bestimmung der Substanz auf die Zeit angewendet wird. In dem Verfahren wird ein empirischer Gegenstand anhand des Schemas des Gegenstandes überhaupt (bzw. anhand der Substanz) aus dem sinnlichen Mannigfaltigen synthetisch konstruiert. Diese synthetische Handlung der Einbildungskraft wird dabei von den Kategorien der Substanz und Akzidenz durchgehend geleitet und geformt.

193 Das primäre Zeitbewusstsein, das sowohl die sukzessiven Vorstellungen im Subjekt (das subjektive Zeitbewusstsein) als auch das objektive kausale Verhältnis (das objektive Zeitbewusstsein hinsichtlich der Kausalität) beschreiben kann, ist hingegen, wie dargelegt, vor allem sukzessiv.

Literaturverzeichnis

1. Kant Immanuel

Kritik der reinen Vernunft, Riga, erste Auflage 1781, zweiten Auflage 1787, hrsg von Timmerman Nachdruck Hamburg 1998.

Anthropologie in pragmatischer Hinsicht, 1796/97, *Werke: in sechs Bänden. Band VI*, Hrsg. von W Weischedel, Nachdruck Darmstadt 2011.

Prolegomena zu einer jeden künftigen Metaphysik, die als Wissenschaft wird auftreten können, 1783, hrsg. von Pollok K, Nachdruck Hamburg 2001.

Kritik der Urteilskraft, 1790, Hrsg. von Heiner F. Klemme, Nachdruck Hamburg 2009.

Reflexionen Kants zur kritischen Philosophie: aus Kants handschriftlichen Aufzeichnungen. Hrsg von B. Erdmann, Nachdruck Frommann-Holzboog, 1992.

Akademieausgabe von Immanuel Kants Gesammelten Werken Berlin 1903:

AA XVIII: *Metaphysik.*

AA XXIX: *Kleinere Vorlesungen und Ergänzungen I.*

AA XXIII: *Vorarbeiten und Nachträge*

Abkürzungen

AA	Akademieausgabe von Immanuel Kants Gesammelten Werken
Anthropologie	*Anthropologie in pragmatischer Hinsicht*
KH	*Kants Handexemplar*
KrV	*Kritik der reinen Vernunft*
KU	*Kritik der Urteilskraft*
Proleg.	*Prolegomena zu einer jeden künftigen Metaphysik*
HWdP	*Historisches Wörterbuch der Philosophie*

Sonstige Bücher

1. Allison, H.E, *Kant's Transcendental Deduction: an Analytic-historical Commentary*. Oxford, 2015.
2. Andree Hahmann, *Kritische Metaphysik der Substanz*: *Kant im Widerspruch zu Leibniz*, Berlin 2009 (*Kant-Studien: Ergänzungshefte*; 160).
3. Aristoteles, *Physik: Vorlesung über Natur*, hrsg. von H.G. Zekl, griechisch-deutsch, Hamburg 1995.
4. Augustinus A, *Confessions: Books V–IX.*, Cambridge 2019.
5. Düsing, Klaus, *Immanuel Kant: Klassiker der Aufklärung*, Hildesheim 2013.
6. Emundts, Dina, *Kants Übergangskonzeption im Opus postumum: zur Rolle des Nachlaßwerkes für die Grundlegung der empirischen Physik*, Berlin 2004.
7. Heidegger, Martin, *Kant und das Problem der Metaphysik*, 1929, Nachdruck Frankfurt am Main 2010.
– *Die Grundprobleme der Phänomenologie* (Sommersemester 1927), Hrsg.: F.-W. von Herrmann, 1975.
– *Die Frage nach dem Ding. Zu Kants Lehre von den transzendentalen Grundsätzen* (Wintersemester 1935/36), Hrsg.: P. Jaeger, 1984.
8. Höffe Otto. *Kants Kritik der reinen Vernunft: die Grundlegung der modernen Philosophie*, München 2004.
9. Hume, David, *A Treatise of Human Nature*, hrsg. von Selby-Bigge/Nidditch, 1740, Nachdruck Oxford 1978.
10. Issak Newton, *Philosophiæ Naturalis Principia Mathematica*, 1686, *Mathematical Principles of Natural Philosophy and His System of the World*, übersetzt von Andrew Motte, Berkeley 1962.
11. Kaulbach F. *Der philosophische Begriff der Bewegung, Leibniz und Kant.* Köln/Graz 1965.
12. Kemp Smith Norman, *A Commentary to Kants Critique of Pure Reason*, London 1923.
13. Koch, Anton. F, *Subjekt und Natur*, Paderborn 2004.
14. Klemme. *Kants Philosophie des Subjekts: systematische und entwicklungsgeschichtliche Untersuchungen zum Verhältnis von Selbstbewußtsein und Selbsterkenntnis*. Hamburg 1996.
15. Langton, Rae, *Kantian Humility- Our Ignorance of Things in Themselves*, Oxford 1998.
16. Liang, Yibin, *Bewusstsein und Selbstbewusstsein bei Kant*, Heidelberg, 2017.(Dissertation, DOI: https://doi.org/10.11588/heidok.00028118)
17. Mansfeld, Jaap (Hrsg.). *Die Vorsokratiker II. Auswahl der Fragmente*, Übersetzung und Erläu1erungen von Jaap Mansfeld. Stuttgart 1986.

18. Mohr, Georg, *Das sinnliche Ich: innerer Sinn und Bewußtsein bei Kant*, Würzburg 1991.
19. Mohr, Georg, ed. *Immanuel Kant: Kritik der reinen Vernunft*. Berlin, 1998.
20. Prauss, Gerold, *Die Einheit von Subjekt und Objekt: Kants Probleme mit den Sachen selbst*, Freiburg 2015.
21. Ritter, J., Gründer, K., Gabriel, G., Hrsg. *Historisches Wörterbuch der Philosophie*, Darmstadt 1971–2007.
22. Sans, Georg, *Ist Kants Ontologie naturalistisch? Die Analogien der Erfahrung in der Kritik der reinen Vernunft*, Stuttgart, Berlin, Köln 2000.
- Sans, Georg „*Wie viel Substanz braucht Kant*", in *Revista Portuguesa de Filosofia* 61, 2005, 707–730.
23. Strawson, Peter F., *The Bounds of Sense: An Essay on Kant's „Critique of Pure Reason"*, London1966.
- »Kant on Substance« in *Entity und Identity*, Oxford 1997. 268–279.
24. Willaschek, M.; Stolzenberg, J.; Mohr, G.; Bacin, S. (Hrsg.), *Kant-Lexikon,* Berlin; Boston 2015.
25. Wunsch, Matthias, *Einbildungskraft und Erfahrung bei Kant*, Berlin 2007. (*Kant-Studien: Ergänzungshefte*; 155)

Aufsätze

1. Henrich, Dieter. »The Proof-Structure of Kant's Transcendental Deduction«, in *The Review of metaphysics*. Washington 1969; 22(4), P. 640–659.
- »Über die Einheit der Subjektivität«, in. *Philosophische Rundschau*. Tübingen 1955; 3(1/2), S. 28–69.
2. Dörflinger, Bernd, »Diskrete und kontinuierliche Zeit. Ein verborgener Widerstreit bei Kant«, in: *Crítica y Metafísica. Homenaje a Mario Caimi*, hrsg. von Claudia Jáuregui (e.a.). Hildesheim 2015, S. 93–105.
- »Nulldimensionale Zeit. Gerold Prauss' Versuch einer Verbesserung der Zeittheorie Kants «, in: *Philosophisches Jahrbuch*, Freiburg 125. Jahrgang 2018, 2. Halbband, S. 241–251.
3. Düsing, Klaus, »Objektive und subjektive Zeit. Untersuchungen zu Kants Zeittheorie und zu ihrer modernen kritischen Rezeption«, in: *Kant-Studien* 71. Berlin, New York 1980, S. 1–34.
- »Schemata und Einbildungskraft in Kants Kritik der reinen Vernunft «, in: *Aufklärung und Skepsis* 1995, S. 46–71.
4. Grüne, Stefanie, »Reply to Colin McLear« 2014. https://virtualcritique.wordpress.com/2014/08/20/reply-to-colin-mclear/

5. McLear, C., »Two Kinds of Unity in the Critique of Pure Reason«, in: *Journal of the History of Philosophy* 53, Baltimore 2015, P. 79–110.
6. Mohr, Georg, »Thesen über Zeitbewußtsein und innere Erfahrung«, hrsg. von Forum für Philosophie Bad Homburg, in: *Zeiterfahrung und Personalität*, Frankfurt am Main 1992, S. 89–122.
7. Rosefeldt, Tobias, »Kant on Imagination and the Intuition of Time«, hrsg. von Günter Zöller, Gentry G, Pollok K, in: *The Imagination in German Idealism and Romanticism.* Cambridge; New Yor, NY ; Port melbourne ; New Delhi ; Singapor 2019, S. 48–65.
8. Rohs, Peter, »Ist eine ausweisbare Zeitmessung möglich? Zur Protophysik der Zeit«, in: *Philosophische Rundschau* 33, Tübingen 1986, S. 133–151.
– »Der temporale Dualismus «, in: *Conceptus* 21, S. 69–86.
9. Thöle, B. „Die Analogien der Erfahrung“ In Mohr, G. & Willaschek, M. (Hrsg.), *Immanuel Kant, Kritik der reinen Vernunft.* Berlin, 1998. S. 267–96
10. Williams, JJ. »Kant on the original synthesis of understanding and sensibility«, in: *British Journal for the History of Philosophy* 26, 2018, P. 66–86.